両利きの組織をつくる

Creating Ambidextrous Organizations

Exploration and Exploitation for Overcoming Inertia

大企業病を打破する「攻めと守りの経営」

加藤雅則 Masanori Kato
チャールズ・A・オライリー Charles A. O'Reilly III
ウリケ・シェーデ Ulrike Schaede

英治出版

はじめに——成熟した日本企業が生き残るための最重要課題

ここ数年の経営者との対話の中で、ある実感を抱いている。既存事業を守りながら、いかに次の成長領域を見つけ出すのか。いま多くの経営者がこの課題に直面し、企業の生き残りを賭けてもがいているということだ。

現在の経営環境は、一〇〇年に一度の大変革期にあると言われる。デジタル技術を核とした新興勢力による創造的破壊（ディスラプション）が進行する一方で、成熟した大企業の変化への適応は遅々として進まない。もはや高度に複雑化した経営環境にあっては、大企業の経営トップといえども先を見通すことは容易ではない。先を見通せないのであれば、変化の流れの中に分け入って、自社独自のやり方を試しながら進むしかない。

しかし、成熟した大企業では、新しいことを試すこと自体がなかなかできない。高度に効率化されてきた大組織は、失敗が許されない組織になっている。その結果、経営陣は「下が主体的に動かないから始まらない」と嘆き、中堅・若手は「トップが判断しないと何も始められない」とぼやくのだ。多くの企業幹部をインタビューすると、「新規事業がうまくいかない」「なかなか新しいことが始められない」「変わりたいのに変われない」という切実な悩みに必ず遭遇する。

成熟企業が新たな取り組みを行うにあたって最大の壁となるのは、事業アイディアでも事業戦略でもデジタル・マーケティングでもない。それらはいざとなれば外部から買ってくることができる。成熟企業にとっての最大の壁は、自社の「組織カルチャー」なのだ。本書で扱う「組織カルチャー」とは、事業理念や価値観・社風といった、フワッとした概念のことではない。それは具体的な「仕事のやり方」のことである。組織カルチャーを風土や雰囲気として捉えている限り、具体的な打ち手は出てこない。新しいことを始めるには、新しい「仕事のやり方」が必要なのだ。しかし、多くの成熟企業では、新しいことを始めるのに、古いやり方でやろうとして、失敗してしまう。つまり、「既存事業が新規事業を殺してしまう」のである。

脱皮できない蛇は死ぬ。変化に適応できない成熟企業は、遅かれ早かれ、新興企業からの破壊的なイノベーションによる挑戦を受けて、駆逐されることになるだろう。その変化点がいつ・どこで起こるかは誰にもわからない。主力事業と社員を守りながら、過去に囚われない新たな取り組みを実行できる組織になるためには、何をしなければならないのか。守る経営をしながら攻める経営をするとは、どういうことなのか。両極のバランス・ポイント（重心）はどこにあるのか。

この問いに、二十年余にわたる組織開発の実践経験と、世界トップレベルの経営学者の知見、そして日本を代表するグローバル企業のひとつにおける事例研究を通して、回答を試みたのが本書である。

本書の共著者であるチャールズ・オライリー教授が提唱する「両利きの経営」は、成熟企業が創造的破壊（ディスラプション）の時代を生き抜くための組織経営論だ。既存事業を深掘りしながら新しい事業の柱を探索する経営手法であり、成熟企業が新興企業に駆逐されることを防ぐ道を示した経営理論である。米国では、企業組織のみならず、国防総省や海軍・空軍などの行政組織や州政府、ＮＧＯなどの非営利組織も注目している理論だ。日本でもオライリー教授らの著書『両利きの経営』[1]が二〇一九年に刊行されて以来、経営者を中心に多くの関心を集めている。

これまで両利きの経営は、既存事業と新規事業の「二兎を追う」戦略論や、「知の深化」と「知の探索」によりイノベーションを生み出すという知識創造論として紹介されてきた。しかし、著者のオライリー教授自身は、両利きの経営はそうした戦略論や知識創造論というより、本質的には組織進化論だと語る。

組織が進化するためには、異なる二つの組織能力が必要とされる。ひとつは「(既存事業を)深掘りする能力」(exploit)であり、もうひとつは「(新規事業を)探索する能力」(explore)である。**両利きの経営とは、企業が長期的な生き残りを賭けて、これら相矛盾する能力を同時に追求することのできる組織能力の獲得を目指すものだ。**

しかし、「深掘り」と「探索」という相矛盾する能力を同時に追求することは容易ではない。

例えば、「深掘り」と「探索」を同時に追求すると、組織内では必ずトレード・オフ（一方を追求すれば他方を犠牲にせざるをえない状態）が発生する。新規事業は既存事業との重複による無駄やカニバライゼーション（共喰い）、さらに不本意な失敗を伴うからだ。経営者は否応なしに「既存事業の資産と能力をどれくらい活用して（どこまで犠牲にして）新規事業に力を注ぐべきなのか？」という問いに向きあわざるをえなくなる。また当然のことながら、組織内では当事者同士の間で感情的なテンション（緊張関係）やコンフリクト（対立）が発生する。例えば、既存事業側から新規事業側に対して、「俺たちが汗水たらして稼いだ利益を湯水のように使って……」という怨嗟の声が生まれるのだ。両利きの経営は、単に事業ポートフォリオや経営資源配分を理屈で考えるだけでは到底実現できないのである。

　では、相矛盾する組織能力を形成し、さらにそれらを併存させる能力を形成するためには、何が求められるのか。もちろん、適切な組織構造とプロセスの設計が必要だ。しかし、**両利きの経営を実現する上でカギとなるのは、組織カルチャーのマネジメントである。**繰り返しとなるが、本書で扱う「組織カルチャー」とは、企業理念や価値観・社風といった概念のことではない。具体的な「仕事のやり方」のことである。その組織で観察される特有の「行動パターン」(Pattern of Behaviors) であり、行動を規定している「組織規範」(Norm) を反映しているものだ。「仕事の作法」とも言えよう。新たな組織能力を形成し、発揮できるようにするために、どのように組織カルチャー（仕事のやり方）をマネジメントするのか。同じ組織の中で異なるカルチャーを併存させるバランス感覚こそが、「両利き」の核心なのである。

成熟した日本企業における最重要な経営課題は、新旧それぞれの事業特性に応じた組織カルチャー（仕事のやり方）を形成し、併存させられる組織となることだ。この経営課題に真正面から取り組んできた企業がある。ＡＧＣ株式会社（旧・旭硝子）だ。

本書では、日本を代表する成熟したグローバル企業であり、オライリー教授が「両利きの経営を実践している」と認めたＡＧＣの事例研究（ケース・スタディ）を軸に、いま多くの日本企業に求められる組織進化の方向感と具体的なアプローチを提示する。特に、両利きの経営を実現するための組織開発という観点から、経営者がどういう役割を担う必要があるのかについて、多くのページを割いている。

ちなみに、ＡＧＣの経営陣は当初から両利きの経営を指向していたわけではない。独自の試行錯誤して辿り着いた経営スタイルが、結果的に両利きの経営と呼ばれる経営理論に合致していた、というのが事実である。この事実に、私は日本企業が両利きの経営を実践できる大きな可能性を感じている。その実現プロセスを辿ることで、日本企業における組織進化の鍵を明らかにしたい。

私自身はＡＧＣとは二〇〇二年頃からご縁があり、二〇一五年一月にＣＥＯに就任した島村琢哉氏が主導した組織変革を間近で目撃する機会を得た。恩師のオライリー教授に島村ＣＥＯ

の取り組みを紹介したところ、強い関心を持たれたことが本書成立の発端だ。オライリー教授とシェーデ教授が自ら行った事例研究を加えることで、「両利きの経営」の理論的本質と実践への手がかりを提示できたのではないかと考えている。事例研究にあたり、ＡＧＣの経営陣・スタッフの方々には全面的な協力をいただいた。この場を借りて、経営内容を公開するという英断に心からの敬意を表し、感謝を申し上げたい。

成熟産業・成熟企業で働きながら、「うちの組織はこのままでいいのか？」という問題意識を持たれている方々、とりわけ経営幹部の方々に、ぜひ本書を手に取ってお読みいただきたい。いま、日本企業の組織経営はまさに正念場を迎えている。少しでも多くの日本企業が創造的破壊（ディスラプション）の時代を生き残るために、本書が一助となれば幸いである。

著者を代表して
加藤雅則

第3章

両利きの経営——成熟企業の生き残り戦略

第4章 組織はどのようにして変わるのか──アラインメントの再構築

第5章 組織開発の本質──トップダウンとボトムアップの相互作用を作り出す

第6章

脱皮できない蛇は死ぬ——日本企業のための組織進化論

第1章

いま必要な組織経営論

多くの日本企業が「成功の罠」に陥っている

「これまでのやり方が通用しなくなり始めている」

これは多くの成熟企業の中堅社員が感じている実感ではないだろうか。市場環境の急激な変化、ＡＩをはじめとしたデジタル技術や新興企業の参入によるディスラプション（創造的破壊）、働く人間の価値観の多様化など、さまざまな変化に企業はさらされており、あらゆる面で、従来のやり方では対処できない状況が生まれてきている。私たちがインタビューした経営者のほとんどが、「このままでは生き残れないかもしれない」と語ったほどだ。

そうした中で今、日本企業の組織経営には一段高い次元への脱皮が求められている。既存事業が変化の波に呑まれて衰退してしまうのを防ぐとともに、新たな成長の柱を見出していかなければならない。未経験の新しいことに挑戦しなければならないケースや、組織構造を大きく変えなければならないケースもあるだろう。

従来一般的だった組織制度や慣行も限界を迎えている。かつては日本企業の強みとされてきた終身雇用制度は、いまや硬直的なコスト構造として認識されるようになった。二〇一九年五月、経団連の中西宏明会長がこれまでの「日本的雇用システム」は成り立たなくなると発言して話題を呼んだ。(1) 環境変化により従来の仕事がなくなることも不思議ではない時代には、終身雇用を前提とした事業運営は難しい。変わらざるを得ない状況が生まれているのだ。

二〇一八年、フレデリック・ラルー著『ティール組織』[2]が翻訳出版され、若手を中心に大きな反響を呼んだことも象徴的だ。発達心理学の観点から、組織形態を整理分類し、階層組織だけではなく、色々な組織形態がありうることを解き明かした点に支持が集まったのだろう。それは、裏を返せば、これまでの日本的な組織運営に対する不満の受け皿になった面があるように思う。新しい組織のあり方を多くの人が求め、模索している。

いよいよ（ようやく）日本型組織が進化するタイミングが到来しつつある。機が熟してきたのだ。

しかし、現実には組織が自ら変わることはなかなかできない。特に大手成熟企業では、変わりたくても、変われない。なぜだろうか。

組織カルチャーがさまざまなかたちで変化を阻害し、新たな可能性を潰しているからだ。

これまでのやり方が通用しないなら、新しいやり方を試すしかない。既存事業の先行きに希望が見えないなら、新たな事業に取り組まなければならない。試行錯誤を通じて、企業独自のやり方・勝ちパターンを作り出す必要があるが、残念ながら多くの成熟企業では、新しいことをしたくてもできない、新しいやり方を試したくても試せない状況がある。それを作り出しているのが、これまでの仕事、これまでのやり方に最適化された組織カルチャーなのだ。

従来の仕事に最適化された組織慣行やプロセスを維持したまま新しいことを始めようとすると、さまざまな軋轢が生じる。往々にして、既存のやり方に伴う制約が、新しい取り組みの芽を摘んでしまう。たとえば、失敗の可能性を許容していろいろなアイデアを試すべきところで、普段のやり方に従ってリスク回避を重視していたら、ありきたりな成果物になってしまったという具合だ。古いやり方にとらわれる結果、新しい試みが失敗し、さらに新しいことが始めにくくなるという悪循環に陥ってしまう。

大手企業でインタビューを行うと、「目の前のことに精一杯で、新しいことには手が出せない」という声を聞くことが圧倒的に多い。中堅若手層に限らず、部長層においても同じだ。組織として、これまでの慣れ親しんだやり方を変えることができないのである。いわゆる大企業病である。

組織経営論では、こうした現象を「成功の罠」（サクセス・トラップ、サクセス・シンドローム）と呼ぶ。**成功してきた組織には、「慣性の力」（Inertia）が働くという運命がある。**成功した組織は、過去の経営環境に過剰適応してしまった結果、環境が激変する局面では適応できず、衰退してしまうという法則だ。特に、大手成熟企業では、ＰＤＣＡサイクルをベースとした効率性の追求という罠にはまっているケースが多い。

日本の成熟企業の多くがこの罠に陥っている可能性がある。

これまでの組織変革に欠けていたこと

私（加藤）は、組織開発の実践家である。組織開発とは明確な定義はないが、組織を活性化する技法の総称である（第5章にて詳述）。私の場合、日本の大企業（成熟企業）を中心に、経営者に対するエグゼクティブ・コーチングを起点にした、対話型組織開発と呼ばれるコンサルティング（ファシリテーション）を提供している。端的に言えば、対話を通して人の語り方や考え方のパターンを変え、組織がより円滑に機能するように支援する仕事だ。これまでの過去二〇年にわたって、売上高五〇〇億円から二兆円規模の会社まで、幅広い業種の会社の経営者や幹部とともに、組織の抱えるさまざまな課題に取り組んできた。

実際に組織開発を展開する上での最大の障害は、当事者間で、「組織が変わる」ということについてのイメージを共有できていない点だ。

「当社は変わらなければならない」と号令している経営者、中期経営計画を策定している経営企画部、現場で事業を回している事業本部長、人・組織を主管している人事部長、等々、当事者たちそれぞれが持っている「組織が変わる」のイメージがバラバラなのだ。人事の刷新をイメージする人もいれば、事業の方向転換をイメージする人や、従業員の結束が強まり活気が出ることをイメージする人もいる。組織の中心メンバーの足並みがそろわない状態では、効果的な組織開発はできない。

本当に組織を変えるつもりならば、まず組織の何を変えるのかについて当事者間で合意する必要があるだろう。「新しく何を始めるのか」、「そのために何をやめるのか」、その一方で「何は引き続き継続（強化）するのか」。少なくとも、このレベル感で共通のゴール・イメージを持つ必要がある。

「組織が変わる」ことへの共通イメージが持たれにくいのはなぜだろうか。大きく二つのパターンがあるように思う。一つは、経営者が組織や人材についてあまり関心を持っていないパターン。もう一つは、戦略論を欠いたまま組織論だけが語られているパターンだ。

日本の大企業の経営幹部の多くは、戦略論を語ることにはとても熱心だ。私がエグゼクティブ・コーチとして関わってきた方々はみな、自社の戦略については深い洞察を有しており、戦略論の話題に強い興味を示し、勉強熱心だった。一方で、戦略の実行策ともいうべき組織論や人材論には、それほどの関心を示さない人も多かった。「社員がいきいきと働ける組織」「風通しのよい企業文化」といった話題には、甘っちょろい話と一蹴するような反応をする人も少なくない。

なぜ彼らの組織論や人材論への関心が低いのかと言えば、終身雇用制度の下で、総じて従業員の離職率が低いため、組織のあり方に課題を感じにくかったのではないだろうか。まじめな社員がめったにやめずに働き続けてくれるため、組織を改善する必要性を感じないというわけだ（最近の若手離職率の増加に伴い、その思い込みは揺らぎつつある）。

ある意味では、ロイヤリティの高い社員の上で、経営者があぐらをかいてきたのかもしれない。戦略を決めて指示を出し、「あとは現場の諸君、頼んだぞ！」で組織運営をしてきた経営者が多いのではないか。期待した結果がでなければ、「どうなっているんだ？　なぜできないんだ？」「もっと徹底して取り組め」などと担当部署を叱咤激励する。組織運営をそういうものと捉えてきたのではないか。

そのような「組織軽視」の経営は、たとえ戦略が優れていて一定の成果を上げたとしても、従業員を疲弊させてきた可能性が高い。リーマンショック以降、多くの企業で経営の効率性は高まり、最高益を更新する企業が続出した。しかし会社の内部に目を転ずると、組織が疲弊している例は少なくないだろう。求心力（エンゲージメント）が低下し、それが事業に悪影響をもたらしている会社もあるのではないだろうか。

一方で、そのような組織運営に疑問を感じ、「働きがいを感じられる職場づくり」など、組織改善に関心を持つ人々の間では、しばしば「戦略軽視」の傾向が見られる。理想の組織モデルや意思決定の仕組み、個々人の働き方の多様化など、さまざまな組織論は語るものの、それらが事業戦略や経営的観点に結びついていないのだ。最近の働き方改革に関する議論においても、個人にとっての理想の働き方は数多く語られる。しかし、組織には必ず誰かがやらなければならない仕事があるものだ。しかし、そうした仕事については、ほとんど触れられることが少ない。理想の働き方だけを語っていても、組織を変えることはできない。新しい仕事のやり方を作り出す必要があるのだ。

つまり、組織を語る時、つい私たちは主観的な経験に基づいた語りに陥りがちだ。個人の価値尺度に基づいた持論をぶつけ合うだけの空中戦になってしまう。客観的事実や会社の戦略などの前提（背景）を持たない議論が実現性の乏しいものになるのは無理もない。

また事業の視点を欠いた対話はどうしても「内向きの視点」に陥りがちだ。事業環境や会社の実情への認識を欠いた内輪の組織論は、経営者から見ると「のんきな話」「幼稚な話」になってしまう。私自身、過去にある著名な経営者から、「そんなこと（対話）をやっていて競合に勝てるのか？」と厳しいお叱りを受けたことがある。

経営陣が戦略論に偏って経営を考えている一方で、組織や人に関心を持つメンバーは戦略的な視点を持たない。これでは「組織が変わる」ことについて共通のイメージなど持てるわけがないし、経営側のコミットメントを伴わなければ組織変革の成功はまず不可能だ。

これまでの組織変革の議論が今一つ実効性の乏しいものになりがちだとすれば、ここに大きな原因があるように思う。

組織経営論の基本トライアングル

組織を語る際に大切なのは、組織と戦略の両方に目を向けた、組織経営論という視点だ。

図1・1は組織経営の全体像を表したものだ。企業の存在目的（WHY）に対して、戦略（WHAT）と組織（HOW）は車の両輪の関係にある。**存在目的のために戦略論があり、その戦略を実行するために組織論（何のために、何を、どうやるのか）がある。**このトライアングルがつながった「組織経営論」を語らなければならない。戦略論と組織論をバラバラに議論していても意味がないのだ。

　本書の共著者であるオライリーが主宰するエグゼクティブ向けの組織変革プログラム（LCOR：Leading Change and Organizational Renewal

図1.1 組織経営の全体像（基本トライアングル）

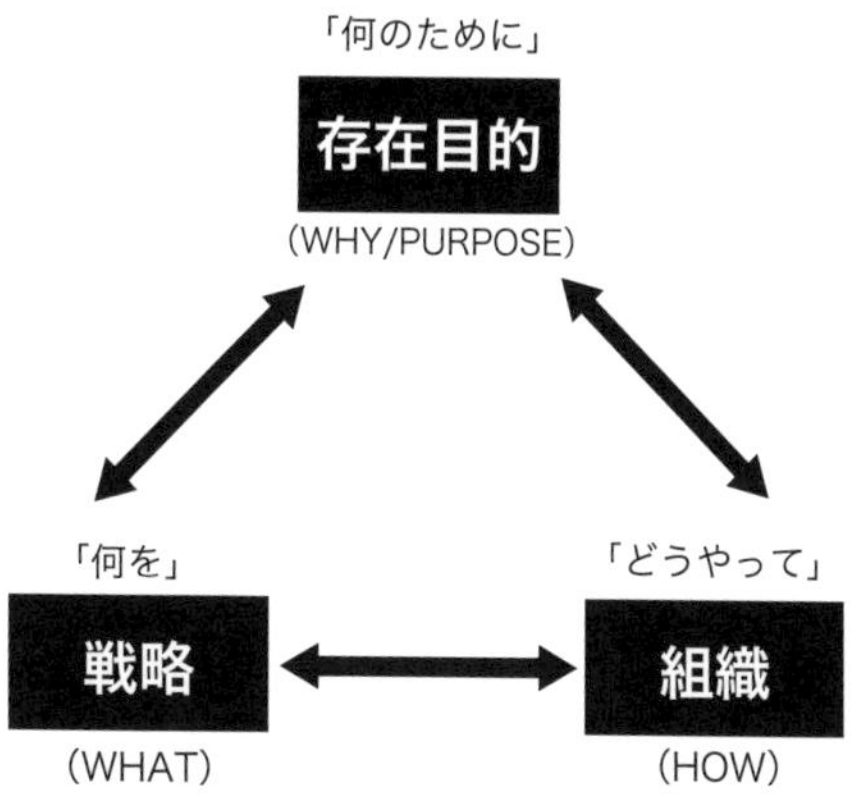

スタンフォード経営大学院、ハーバード・ビジネススクールのエグゼクティブ・プログラム[3]では、戦略と組織を一体として扱っている(**図1・2**)。戦略(戦略意図、市場インサイト、事業デザイン、イノベーションフォーカス)と組織(実行課題、人材・スキル、公式の組織、組織カルチャー)の両者がかみ合って機能しなければ、望む結果は得られないからだ。

戦略と組織の間にはダイナミックな循環作用が働くことにも注目してほしい。戦略に合わせて組織が進化していくことがある一方で、組織独自の取り組みから新たな戦略が形成されるということもある。この循環作用の中で、「組織能力」(オーガニゼーショナル・ケイパビリティ)が形成される。**組織能力とは、組織内の人のつながり方・機能の組み合わせによって生まれる、組織の実行力のことである。**

図1.2 LCORモデル

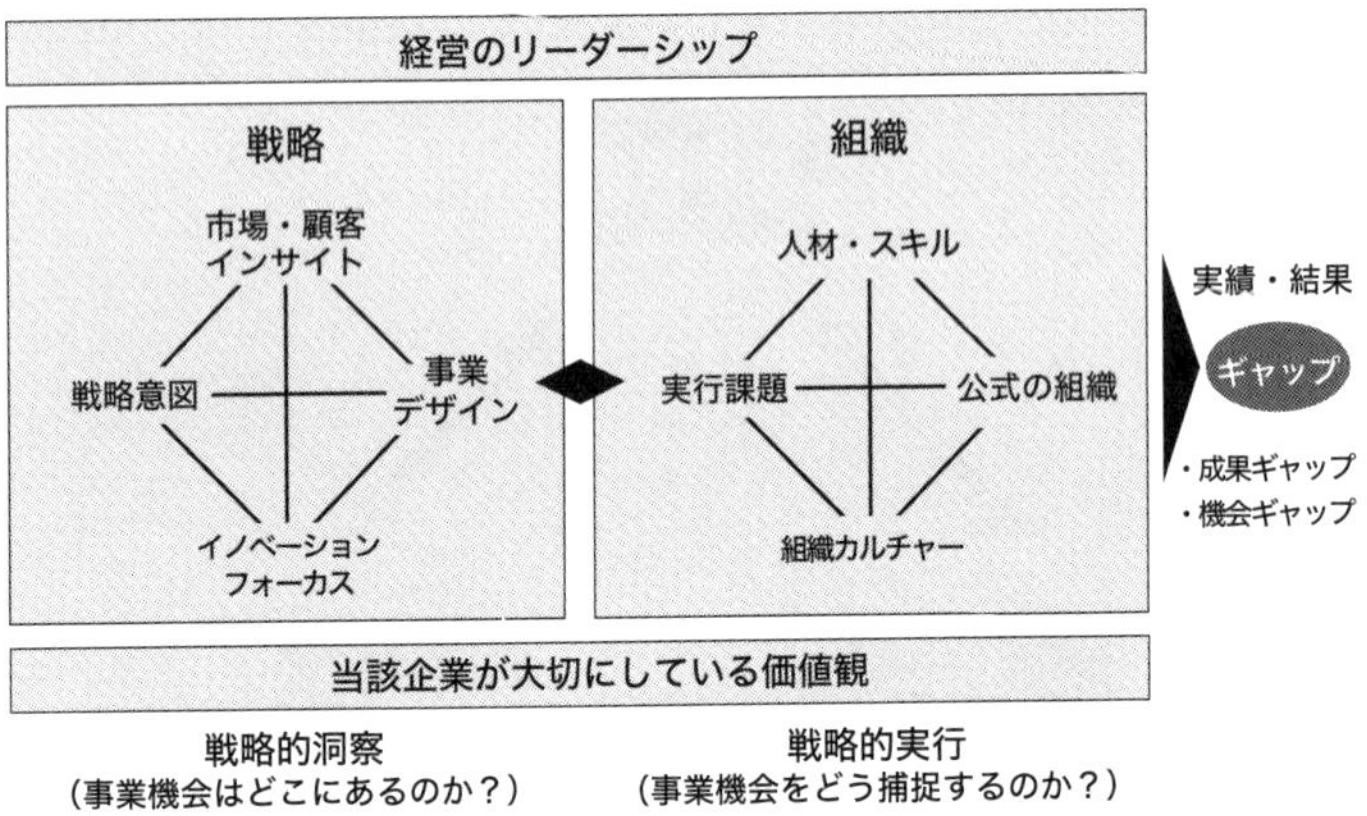

戦略と組織を両輪とする組織経営論の視点に立って、これから必要となる組織能力を培っていくこと。それが私の考える「組織開発（Organization Development）」という活動である。社内研修などによる個人の能力開発はあくまで「人材開発」であり、それだけをいくら積み重ねても組織開発にはならない。組織と戦略の循環作用の中で、必要とされる組織能力を培っていくこと、組織能力の発揮を可能にする組織カルチャーを形成すること。それが組織開発の核心なのだ。

それでは、今日の日本企業にとって必要な組織開発とは、どのようなものだろうか。日本企業の置かれた状況に適した組織経営論とはどのようなもので、そこで必要とされるのはどのような組織能力だろうか。——この問いに答えるのが「両利きの経営」である。

「攻めの経営」と「守りの経営」の両立

成熟した企業が、破壊的イノベーションにより淘汰されるのを回避して生き延びるためには、自らイノベーションを生み出し、新たな収益の柱を築いていかなければならない。既存事業をできるだけ維持しながら、新規事業を生み出していかなければならない。これは多くの日本企業に共通する課題だが、「両利きの経営」は、それを可能にする手法として世界的に注目されている最新の組織経営理論である。

組織が自らを次の段階へと進化させるためには、以下の一連のプロセスをたどらなければならない。

- 自社の存在目的を再定義する（組織アイデンティティ）
- どの領域で自社は生き残るのかを見極める（戦略的ポジショニング・位置取り）
- それをどう実現するのかを決める（実行するやり方）

このプロセスを実践するには、自社が既に持っている強み（ブランド力・技術力・生産能力・顧客ベース・販売チャネル・人材、等）を軸足として活かしつつ、新たな事業領域の探索を可能とする経営手法が必要となる。それが「両利きの経営」なのだ。いわば、「攻めの経営（新規事業の創出）」と「守りの経営（既存事業の維持）」の両立とも言えよう。

しかし、実際に「攻めの経営」と「守りの経営」を両立することは容易なことではない。なぜなら、「攻めの経営」に必要な組織能力と「守りの経営」に必要とされる組織能力はまったく異質なものだからだ。とりわけ障壁となるのが組織カルチャーである。たとえば、「攻めの経営」に適した人材を集めて新規事業（探索事業）に取り組んでも、既存事業の中で培われた組織カルチャー（仕事のやり方）が足枷になることは少なくない。つまり、**「両利きの経営」**

を実現するには、①既存の事業を深掘りする組織能力、②新しい事業機会を探索する組織能力、さらに③相矛盾する二つの能力を併存させる組織能力という、三つの組織能力を形成することが求められるのだ。

それゆえ、「両利きの経営」では、既存事業と探索事業を分離した組織構造が必要となるとともに、既存事業と探索事業の両立に伴う「矛盾」を引き受けるリーダーシップ（意志表示と価値判断）を経営者に求めることになる。この矛盾の中にこそ、独自性が生まれるのだ（詳細は後述、第4章）。

このように「両利きの経営」は、「既存事業を維持しながら新規事業を生み出す」という戦略論であるだけでなく、それを可能にするために組織はどうあるべきかという、組織論としての面も併せ持つ組織経営論である。そしてそれは単なる事業ポートフォリオ経営論ではなく、「知の深化・知の探索」といった知識創造論でもない。その核心は組織能力の形成を可能とする組織カルチャーのマネジメントなのである。

成熟した大企業の組織は高度に効率化され、防御的な組織になっている（ならざるをえない）。失敗できない組織カルチャー、異なるやり方を許容する余裕がない組織カルチャー、これらをどう打破していくのかが、実践上の課題となる。

組織カルチャーをマネジメントするとは？

ここで「組織カルチャー」について、あらかじめ説明しておきたい。

組織カルチャーとは何か。日本ではしばしば組織カルチャーは「組織文化」「組織風土」と訳され、「風土改革」という用語もよく用いられる。しかし、組織経営論における組織カルチャーとは、いわゆる社風や組織のＤＮＡ、組織風土といった抽象的な概念や雰囲気のことだけではない。組織カルチャーとは、その組織で観察される特有の「行動パターン」(Pattern of Behaviors) のことであり、行動を規定している「組織規範」(Norm) を意味している。価値観や信念を反映した具体的な行動特性を意味しているのだ。

本書では、より実践的に次のように定義する。**本書で扱う組織カルチャーとは、ある組織内で想定されている（期待されている）「仕事のやり方」であり、「仕事に対する姿勢」のことである。** それは「仕事の作法（流儀）」とも言えよう。それゆえ、オライリーは「経営者にとって組織カルチャーとはソーシャル・コントロールの機能をもつ」と主張してきた。

オライリーの研究成果の一つに、組織経営における組織カルチャーの役割を明確に位置付けたことが挙げられる。[4] **組織カルチャーは組織に埋め込まれていて変えられないものではなく、経営者がその気になれば変えることができる（manageable）ものであり、組織カルチャーこ**

そが最も真似されにくい競争力の源泉となる、ということを実証研究によって示したのである。
こうした組織カルチャーのマネジメントという観点から「両利きの経営」を捉えると、その実践にあたって考えるべきなのは次のような問いである。

- 既存事業の「仕事のやり方」はこのままでよいのか？
- 探索事業における「仕事のやり方」とは何か？
- 「これまでの仕事のやり方」と「これからの仕事のやり方」を併存させる「仕事のやり方」とは何か？

主に大手メーカーの組織開発に携わっていると、新しいこと（探索）を始めようとしているのに、これまでのやり方で無理やり取り組もうとして失敗するという事例が非常に多い（その結果、次の新しい試みが許されなくなってしまう）。また、せっかく新しいやり方が生まれつつある状況にあったにもかかわらず、既存のやり方でその新しい試みを殺してしまうという事例も散見される。「仕事のやり方」すなわち組織カルチャーに向き合い、新しいやり方を生み出さない限り、新しいことに取り組んでもうまくいかないのだ。

では、組織カルチャーを変えるにはどうしたらよいのか？　繰り返しとなるが、ここで対象とする組織カルチャーとは、価値観や信念、社風といった抽象的なものではない。具体的な「仕事のやり方」という、その組織特有の行動パターンだ。日本企業の経営者の中には、組織カルチャーを変えるにはボトムアップでなければならないと語る方が多い。変化への納得性と持続性を重視してのことだろう。一方で、外資系を経験したプロ経営者と称する方たちは、トップダウンでなければ組織カルチャーは変わらないとすることが多いようだ。

私たちのアプローチはそのいずれかでもない。**「変革は経営者によるトップダウンとミドル・若手からのボトムアップがミートするところで起こる（"Change happens when top down meets bottom up"）」**という立場だ。たとえば、次のようなイメージだ。（1）経営者が新しい経営の文脈（コンテキスト）を提示する、（2）トップからのメッセージに応える形で一部のミドル・若手が反応し、具体的な行動が生まれる、（3）経営者は自らのメッセージを体現している人を探し出し、そこにスポットライトをあてる（認知する）、（4）組織内で新しい行動事例が共有され、周りに波及し、新しい行動パターンが定着する、というように、トップとミドル・若手が相互に呼応した動きをすることを通じて、組織カルチャーが変わっていくのだ。つまり、経営トップのリーダーシップとミドル・若手のフォロワーシップの組み合わせによって、新しい組織カルチャーを形成していくのである。

こうした組織カルチャーのマネジメントについて、本書ではＡＧＣの事例を交えながら掘り下げて論じていく。また、新たな組織カルチャー形成の実践論として私が提唱してきた「経営トップから始まる組織開発」――経営トップの想い（意志）を起点に、その意志に反応するミドルを見つけ出し、「新しい仕事のやり方」を実験するアプローチ——についても第5章で詳述する。

本書の特徴——事例・理論・実践

本書の大きな特徴は、日本企業が両利きの経営を実現するための組織開発のアプローチを、事例・理論・実践の三つの要素を織り交ぜて解説する点にある。

- **事例**……日本を代表するグローバル企業の一つであるAGC株式会社（旧・旭硝子）の組織変革の事例を、米国ビジネススクールのケース作成ノウハウを生かして調査した。事例を通して「両利きの経営」と組織開発プロセスの具体的イメージを持つことができるだろう。
- **理論**……オライリーらが実証してきた「両利きの経営」や組織の機能に関する「コングルエンス・モデル」等の理論を踏まえることで、実践経験だけに頼らない、普遍性と理論的根拠のある組織開発論を語ることを目指した。
- **実践**……AGCをはじめ幅広い業種・規模の企業における私の二〇年余にわたる経験をもと

に、できるだけリアルに組織開発の実践を語っている。「組織が変わる」ということの本質と実際の組織の現実、本質と現実をつなぐ実践という三点から、組織開発を立体的に捉えてみた。

これらのバランスをとることで、真に経営に役立てられる組織開発論とすることを目指した。また、本書は作り方において三つのユニークな点を持っている。

一つは、架空の企業ストーリーではなく、実在する日本企業の事例を詳細に扱っていることだ。ＡＧＣ株式会社（以下、ＡＧＣ）において、島村琢哉ＣＥＯが二〇一五年一月の就任以来行ってきた取り組みは、全社レベルでの変革を目的とした組織開発の実践事例である。それも数十年前の過去の取り組み事例ではなく、現在も続けられている取り組みの事例だ。こうした事例は通常、匿名性の制約があり、その実態を公開することは難しい。また組織開発の実践過程はしばしば当事者の痛みを伴うため、その内容は極めてセンシティブなものとならざるをえない。だが本書では、ＡＧＣの全面協力のもと、できるだけ詳しく組織変革の過程を公開した。

二つ目のユニークな点は、本格的な経営理論を実際の日本企業のビジネス・ケースを通じて解説していることだ。経営学の理論的研究はアメリカが先行しているため、経営理論の実践事例として取り上げられるのはどうしても米国企業が多い。ビジネススクールのケース・スタディの対象となる日本企業はごくわずかである。今回のＡＧＣの事例は、米国の経営大学院

（スタンフォード大学経営大学院・ハーバード大学ビジネススクール）でも取り上げられることが決まっている。[5]「両利きの経営」提唱者のオライリー自身が取材し作成したＡＧＣのケース（図1・3）が第2章、第3章、第4章のベースとなっている。

三つ目は、本書が米国の経営学者と日本の実践家のコラボレーションによって書かれた点だ。オライリーは私（加藤）のカリフォルニア大学バークレー校経営大学院（ＭＢＡ）留学時代の恩師である。私の著書『組織は変われるか』の刊行を機に二五年ぶりに再会した。組織開発について経営者の理解がなかなか得られないと嘆く私に、彼は翻訳前の『両利きの経営』の原稿を渡し、組織進化の要諦（特に経営者の役割と責任）について語ってくれた。それが本書共同執筆の発端となった。

図1.3 AGC2019

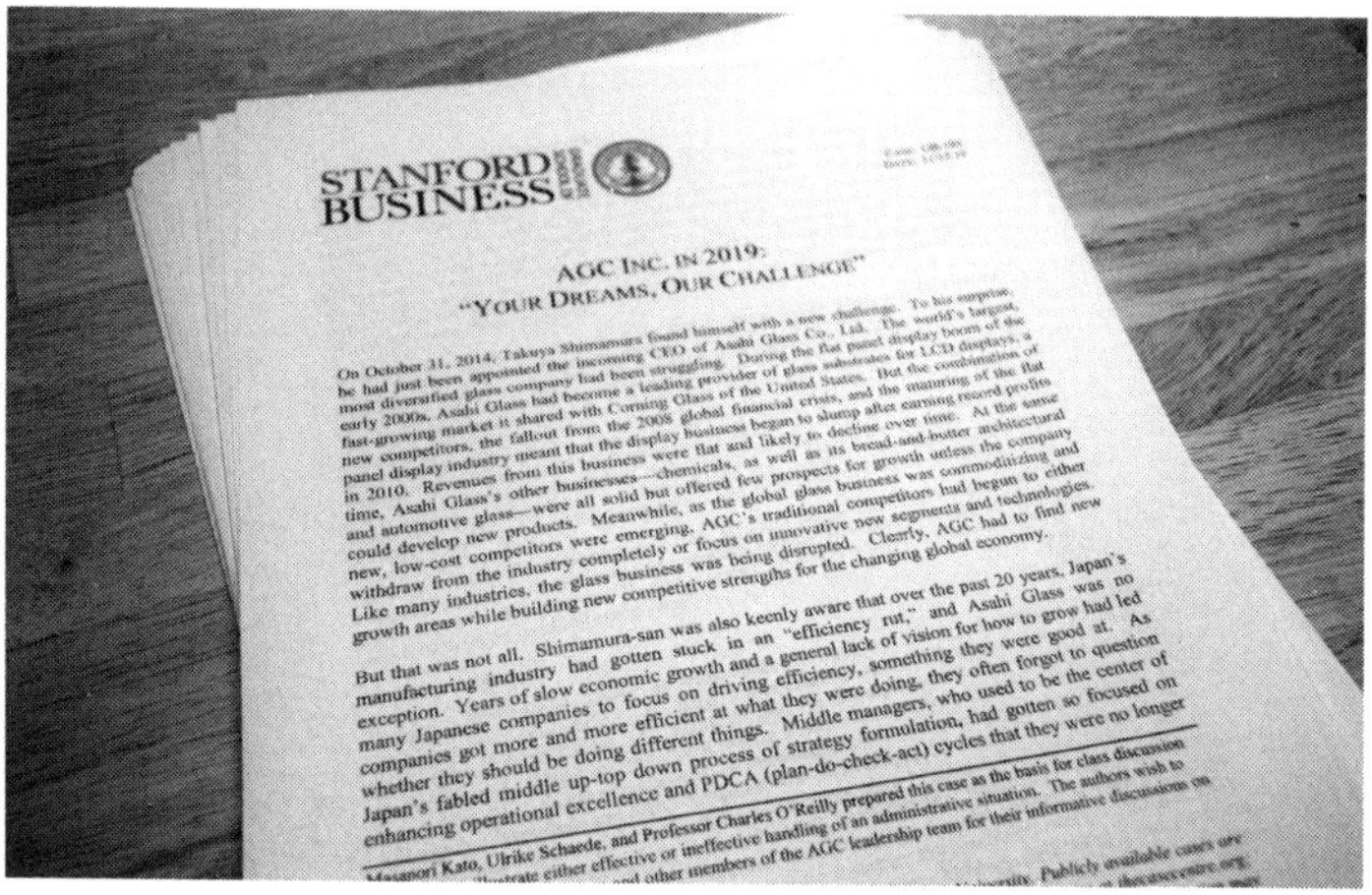

シェーデは日本企業論の専門家である。日本語も堪能で、日本銀行や三菱総研などの客員研究員も務めている。オライリーとシェーデはAGCに共同取材してビジネス・ケースを作成し、私はスタンフォードでオライリーが主宰するプログラム（LCOR）に参加し、お互いのホームを行き来しながらディスカッションを重ね本書の内容を練り上げた。彼らの理論的知見と私の実践経験が互いを補い、読者に役立つものとなっていることを願っている。

本書の意図

「組織が変わる」とはどういうことなのか。

私たちは、日本企業の経営者と組織進化の志を抱くミドル・若手社員の間で、「組織が変わる」ことについての共通イメージと共通言語が生まれることを意図している。本書で紹介するAGCによる「両利きの経営」の実践事例は、経営者とミドル・若手にとって、組織進化に向けて一歩踏み出す勇気とインスピレーションを与えることになるだろう。

繰り返しになるが、AGCの経営陣は当初から「両利きの経営」を目指して経営していたわけではない。独自に試行錯誤して辿り着いた経営スタイルが、結果的に「両利きの経営」と呼ばれる経営理論に合致していた、というのが事実である。この事実に、私たちは日本企業には

「両利きの経営」を実現できる可能性が秘められていることを感じている。その実現プロセスを辿ることで、日本企業における組織進化の鍵を明らかにしたい。

自らの組織が進化するために、どのような組織能力が必要なのか。組織能力を形成するために必要な組織カルチャーとは何か。求められる経営者・ミドルの役割と責任は何なのか。経営者とミドルや若手のメンバーが、こうした問いについて真摯に深く語りあえるようになるための知的土台を、本書を通じて提供したい。

次章以下の構成について説明しておこう。

第2章ではAGCの組織変革の概要とその背景を紹介する。同社がどのような事業環境の中、どのような経緯で、どのような課題に直面していたのかを詳しく示したい。第3章では「両利きの経営」をAGCでの実践を参照しながら解説する。言い換えれば、AGCにおいてどのような変革がなされたのかを、理論的な枠組みによってひも解いていく。第4章では変革のプロセスに目を向ける。AGCが組織カルチャーをどのようなやり方で変化させたか、さまざまな施策を軸に解説する。第5章では他の企業での実践経験も含めたより普遍的な観点から、組織開発の本質を整理した。最後の第6章では組織進化論という観点からそれまでの議論を総括する。

第2章・第3章・第4章のベースとなったビジネス・ケース作成のため、私たちは二〇一八年一〇月と二〇一九年二月の二回にわたってＡＧＣ本社を訪問した。経営チーム（島村琢哉ＣＥＯ、平井良典ＣＴＯ、宮地伸二ＣＦＯ）や事業責任者に対して行ったデプス・インタビュー[6]をベースに、ビジネス・ケースは作成された。主にオライリーとシェーデがケース作成を担当し、私が両者と議論を重ねながら、ケース解説と組織開発実践論を担当している。

ケースの作成にあたっては、ＡＧＣに全面的な協力を頂いた。これまで日本の上場会社における組織開発の事例が公開されることは、ほとんどありえなかった。非常にセンシティブな内容が含まれるからだ。今回あえて情報公開することを承諾いただいたのは異例のことだと思う。ＡＧＣの経営チームの英断に感謝している。

本書で描かれた事例はリアルな現在進行形の取り組みであるが、それは私たち執筆者の眼から捉えた観察結果である。あくまでも読者の組織経営に関する理解と洞察を深めることを目的としており、記述内容に関する文責は私たちにある。また本ケースは今後のＡＧＣの事業成功を保証するものではないし、ましてやＡＧＣの広告宣伝本ではないことを申し添えたい。

読者の皆さんには、ぜひ次の三つの問いを持ちながら、本書を読み進めていただきたい。

①組織が機能しているとは、どういうことなのか。機能していた組織がなぜ衰退してしまうのか。

②組織が変わるとは、どういうことなのか。それはどういう現象で、どういう変化プロセスを辿るのか。
③組織進化の過程において、経営トップが果たす役割とは何なのか。

これらの三つの問いに対する自分なりの答えを見出し、ご自身の組織にあてはめてみた時、何らかの発見があることを期待している（なお、本書で扱う組織とは、企業組織に限らず、行政、ＮＰＯなどの非営利組織も視野に入れている）。

本書が契機となって、私たちは日本企業における組織開発の実践事例が公開蓄積され、リアリティのある組織経営論が深まることを願っている。特に成熟企業における組織進化の取り組み事例を積み上げることは急務だ。そのためには、戦略と組織を統合した視点で、まず自社の歴史を振り返ることが出発点になるだろう。日本の成熟企業にとって、「両利きの経営」は相性の良い組織経営論であり、組織開発を進める上での良き実践地図となるはずだ。

第2章

AGC、変革への挑戦

——戦略と組織を一体として変える

本章ではＡＧＣ株式会社（旧・旭硝子）における変革の取り組みを紹介する。これはスタンフォード大学経営大学院のケース・スタディのために行った同社経営陣への取材に基づいて記しており、内容はすべてＡＧＣの確認・公開許可を得ている。ビジネススクールのケースは経営者の目線に立って課題を記述するため、本章でもそのスタイルをとっている。

ＡＧＣが直面した課題には、多くの日本の成熟企業に共通する要素があるはずだ。歴史ある大企業は硬直的で変化を起こすのが難しいと言われる。ＡＧＣではどのような変化が起きたのか、それはなぜ可能だったのか。経営者になったつもりで読んでいただきたい。

新ＣＥＯの決意

二〇一四年一〇月三一日、島村琢哉氏は新たな課題に直面した。期せずして旭硝子株式会社の次期ＣＥＯに指名されたのだ。

世界最大手で最も多角化が進んだガラスメーカーである同社は、当時苦境に陥っていた。二〇〇〇年代初頭のフラットパネルディスプレイのブームに乗り、同社は急成長中の液晶ディスプレイ用ガラス基板市場において、米国のコーニング社と世界でしのぎを削る素材メーカーとなった。ところが、新たな競合企業の参入、二〇〇八年の世界金融危機の後遺症にフラットパネルディスプレイ市場の成熟が重なり、ディスプレイ事業は二〇一〇年に記録的な利益を上げたのを最後に停滞し始める。同事業の収益は減益が続き、今後も大きく回復しないことが予想された。一方、化学品や主力製品である建築用ガラス、自動車用ガラスといった同社のほかの事業は比較的安定していたが、新製品を開発しないかぎり成長は見込めない。

二〇一〇年に過去最高益を記録した後、同社の業績は四期連続の減益に陥っていた（**図2・1**）。一方で、世界的にガラス事業はコモディティ化が進んでおり、低コストの競合他社が新たに出現したため、旭硝子の従来の競合他社は業界から完全に撤退するか、革新的

図 2.1 史上最高益から四期連続の減益

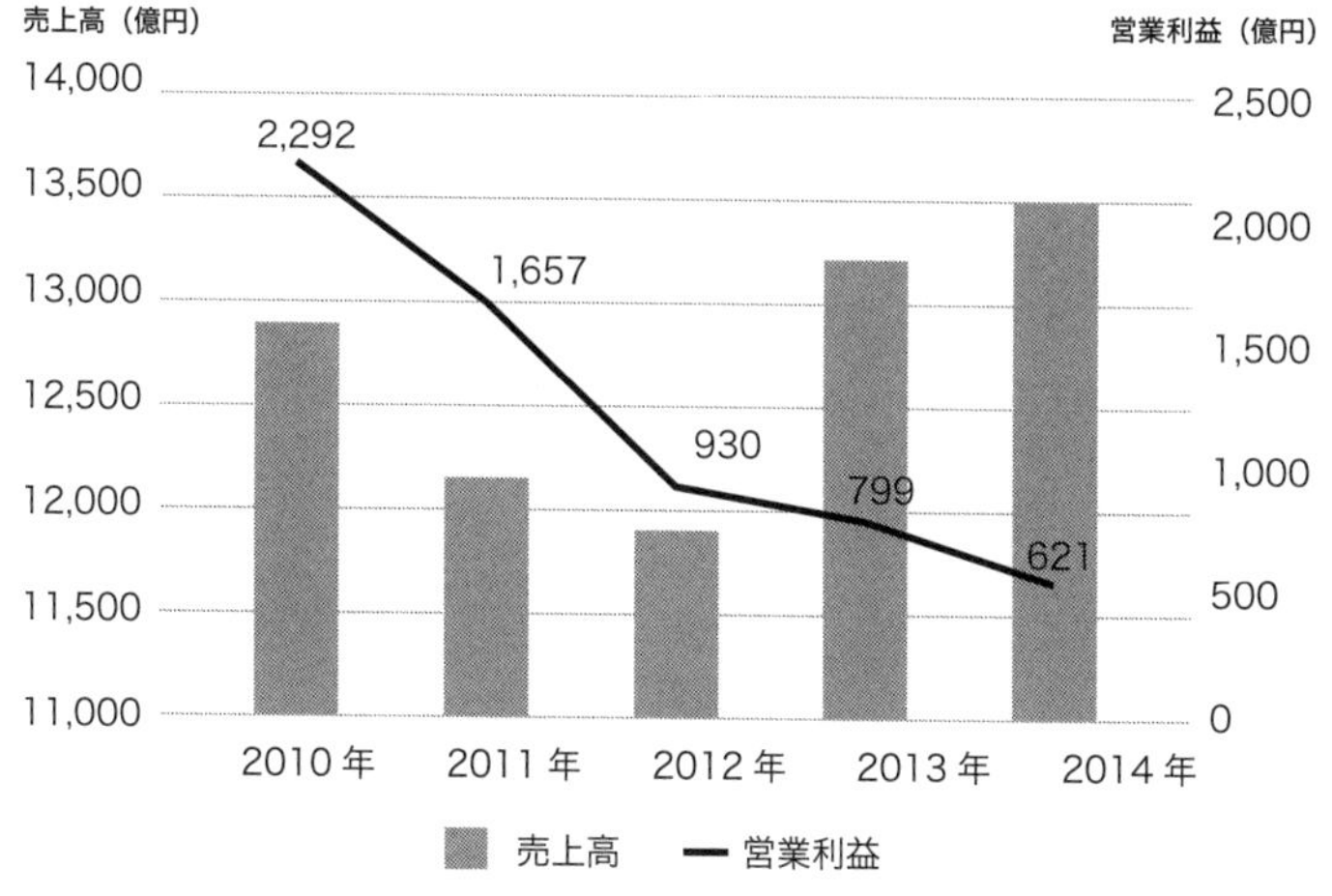

な新しいセグメントとテクノロジーに注力し始めていた。多くの産業と同様に、ガラス産業はディスラプト（破壊）されつつあった。既存の事業において変化するグローバル市場で通用する新たな競争上の強みを確立しつつ、新しい成長分野を探し出さなければならないことは明らかだった。

それだけではない。島村氏は日本の製造業が過去二〇年以上にわたり「効率化という轍」から抜け出せなくなっていることも鋭く見抜いていた。旭硝子も例外ではない。

長年に及ぶ経済成長の鈍化と成長をもたらすビジョンの欠如により、多くの日本企業は彼らが得意とする経営の効率化に集中していた。企業は従来の事業で効率性を高めれば高めるほど、事業の幅を広げるべきではないかと自問するのを忘れがちだ。かつて日本企業の意思決定に中核的な役割を果たしていた中間管理職は、オペレーショナル・エクセレンスとＰＤＣＡ（計画・実行・評価・改善）の強化に集中するあまり、もはや事業を発展させるアイデアを生み出せなくなっていた。

経営者の多くは往々にしてこの傾向に気づいておらず、会社を成長させる破壊的な方法を模索するよりも、短期的・中期的目標を重視するというパターンに陥っている。しかし今日のような荒れた市場では、常に数値目標を達成するのは難しい。責任を追及して罰する「非難のカルチャー」が生まれ、管理職はリスクを回避するようになった。そのため近年、いくつかの有名企業が粉飾決算や品質問題で世間を騒がせていた。中間管理職や工場長が、目標達成の重圧から、非難を恐れて数字を改竄したのだ。

幸い旭硝子ではこうしたことは行われていないと島村氏は知っていた。とはいえ、旭硝子はもはや島村氏が好きだった企業カルチャーを持ち合わせてはいなかった。同社は彼が経営したいと思うような企業ではなくなっていたのだ。社員はやる気を失い、失敗を恐れているように見えた。旭硝子はこの轍から脱却し、新しいビジョンとエネルギーで活気を取り戻す必要があった。

島村氏は、企業が直面しているデジタル・トランスフォーメーションの脅威が、会社を変革するチャンスであることにも気づいていた。「非難のカルチャー」と危機感が、行動を起こす機会をもたらしたのだ。

島村氏は三二年間同社の化学品事業に携わり、過去二年間はディスプレイ事業を含む電子事業部門のプレジデントを務めていた。入社以来ほぼずっと困難かつ衰退しつつある事業を担当してきたことに気づき、彼は思わず苦笑した。こうした経歴を買われてCEOに抜擢されたのだろうか？　これは変革を行うことについて前任者がお墨付きを与えたという意味なのだろうか？

島村氏は、企業カルチャーの変革こそ旭硝子に必要なものだと確信していた。長年の経験から、戦略を変えるだけでは不十分であり、組織のマインドセットと構造、プロセスとカルチャーも同時に変えていかなければならないことを学んでいたのだ。それにはまず、人から変えていく必要があった。

東京駅前にそびえるビルの三一階にあるオフィスから富士山を照らす夕陽をかなたに眺めながら、島村氏はあまり一般的ではない行動を取る決意をした。全社員に向けて直接メールでメッセージを送るのだ。彼はキーボードをたたき始めた。「リーダーの役割は、人の心に灯をともすことだ」

会社が置かれていた状況

二〇一九年現在、ＡＧＣは世界最大手かつ最も多角化したガラスメーカーであり、おもに建築用および産業用ガラス、自動車用ガラス、化学品、電子（液晶ディスプレイ用ガラス基板など）の四つの事業を行っている（図2・2）。また、建築用ガラス、自動車用ガラス、石英ガラス、フッ素樹脂において、世界最大のシェアを有している。たとえば、世界の自動車の四台に一台はＡＧＣのガラスを使用していることになる（世界シェアの数値例：ＥＴＦＥ〔フッ素樹脂〕七〇％、液晶ディスプレイ向けＴＦＴ基板〔ガラス基板〕三〇％、自動車用ガラス二五％、フロート板ガラス一五％）[1]。

ＡＧＣほど大規模かつ多角化したガラスメーカーはなく、同社は各事業においてそれぞれ異なる企業と競合してきた。たとえば、自動車用ガラスにおける主な競合企業はピルキントン社

図 2.2 AGC グループの事業内容

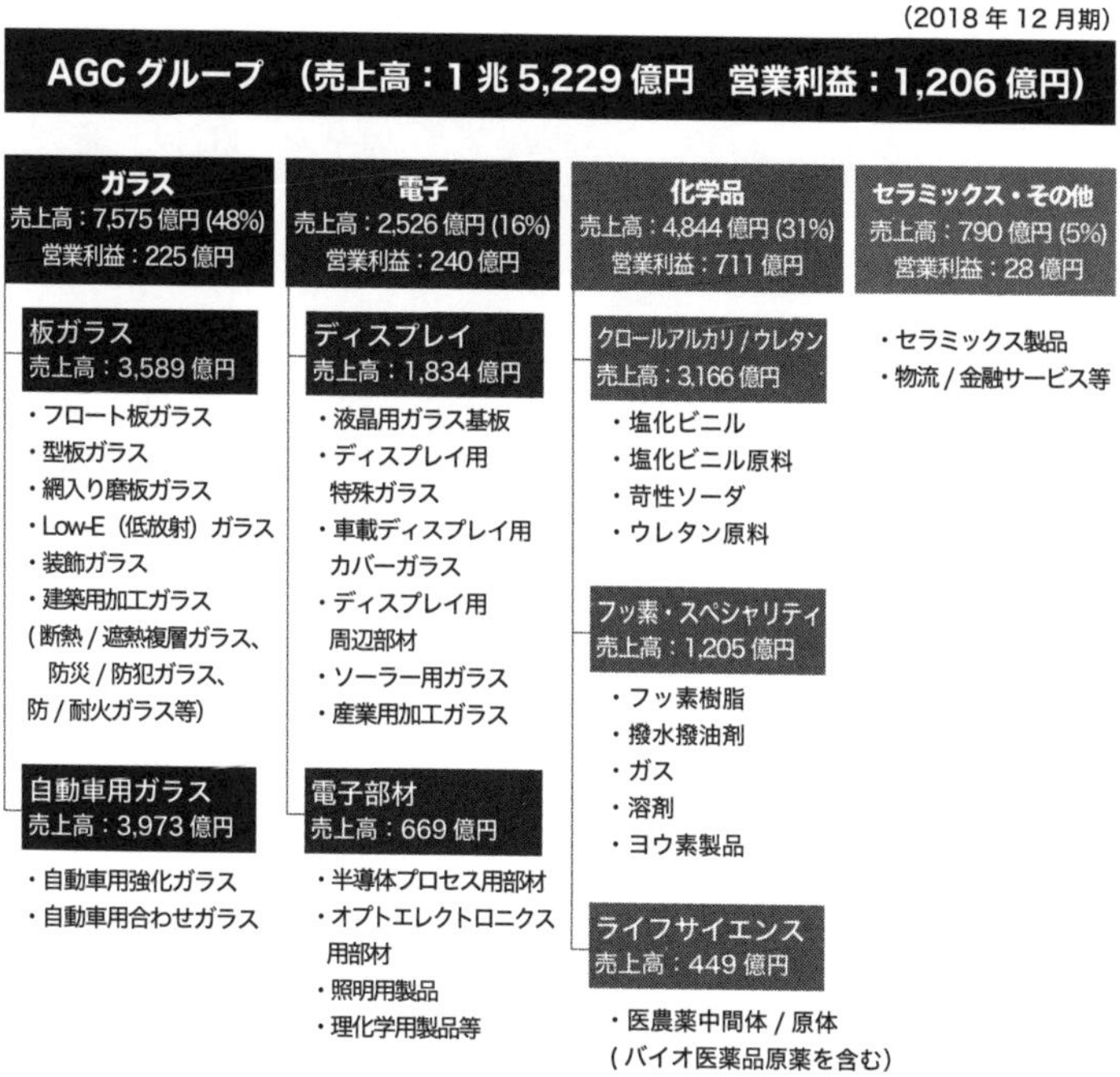

※売上高の構成比は、外部顧客に対する売上高を使用
※セグメント別売上及び利益は、消去前の数字であるため、各セグメント別売上及び利益の合計は全社売上及び利益とは一致しません

とサンゴバン社、液晶ディスプレイ用ガラスではコーニング社、化学品では素材や製品ごとに異なる競合企業が存在した。ガラスや化学品の製造は非常に大規模な生産工程を要し、大型の生産設備に膨大な投資が必要となる。機械類は複雑であり、固定費は高く、運送が困難なケースもある。AGCの製品の多くは収益性が高いものの、中国などの新たな競合企業の参入を受けて、コモディティ化しつつある。

二〇一〇年前後まで、AGCは単純明快な戦略を取っていた。世界進出によって成長し、ユーザーの近くで生産することで、オペレーショナル・エクセレンスおよび顧客のニーズに応えてきたのだ。重視したのは、「カイゼン」を通じた製品の継続的改良、製造工程の効率性および安全性だった。

ところが二〇一〇年頃になるとAGCと競合他社の差は縮小した。中国系企業が生産能力を増強し競争が激化。ガラスおよび化学品を製造する「モノづくり」の技術に磨きをかけるだけで長期的に生き残るのは難しくなった。既存の事業に関するアイデアも底をつこうとしており、ディスプレイ事業の伸びは横ばいになっていた。二〇〇八年の世界金融危機後は世界的に需要が低下した。二〇一一年の東日本大震災は日本経済全体を揺るがし、AGCもいくつかの工場が被害を受けた。そしてその年から業績は下降していた。これまでのやり方を変えていかなければならない。

図2.3 AGC（旭硝子）の歴史

1907年　旭硝子（株）創立
1909年　板ガラスの製造開始
― 第1次世界大戦 ―
1916年　耐火レンガの製造開始
1917年　ソーダ灰の製造開始
― 第2次世界大戦 ―
1954年　ブラウン管用ガラス事業に進出
1956年　自動車ガラス事業に本格進出
1964年　フロンガスの製造開始
1985年　ＴＦＴ用無アルカリ・ガラスの製造開始
1996年　ＰＤＰ用ガラスの製造開始
2000年　酵母を用いたタンパク質生産事業
（システム名：ＡＳＰＥＸ）に本格参入
2006年　ハードディスク用ガラス基板事業、
マイクロガラス事業に参入

岩崎家系譜

彌太郎（初代）―― 久彌（三代目）
↓　↗
彌之助（二代目）―― 小彌太（四代目）
└ 俊彌

社訓
「易きになじまず難きにつく」

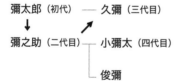

歴史を振り返ると、AGCが時代に応じて次々と新たな事業を開発し、変化しながら発展し続けてきたことがわかる（**図2・3**）。

旭硝子は三菱財閥二代目当主の次男、岩崎俊彌（当時二六歳）が、一九〇七年九月八日に創立した。兄が三菱財閥の主要事業を引き継ぐことになっており、俊彌は自分の役割を見つけるために海外に送られた。ロンドン大学で化学を学んだ俊彌は、日本の工業とインフラの発展にガラスが重要な役割を果たすことに気づく。事業に失敗しても三菱財閥の名を汚さぬよう、社名に三菱の名を冠することを避け、旭硝子とした。一九〇九年、同社は建築用板ガラスの製造を開始した。当初はベルギーから職人を雇い、原料を輸入した。初めて利益を上げたのは一九一二年である。

第一次世界大戦によりヨーロッパからのソーダ灰や耐火レンガの輸入が断たれると、旭硝子はこれらの事業に参入し、国内でソーダ灰と耐火レンガを生産し始めた。同社は鋼鉄、セメント、化学品といった高温の窯を必要とする産業に耐熱レンガおよびソーダ灰を提供する日本最大手のセラミックスメーカーとなった。やがてこの事業は、苛性ソーダやフッ素製品にまで拡大され、化学品事業として成長していく。第二次世界大戦により日本は生産設備の四〇%を破壊されたが、旭硝子の三つの工場は奇跡的に被害を免れた。

戦後はテレビのブラウン管用ガラスや自動車用ガラスの生産で事業を拡大。新たな技術も積極的に取り入れていった。一九五〇年代、当時板ガラス業界の世界最大手だったピルキントンン・ブラザーズ社がフロートガラス製法を発明し、ガラス業界に破壊的イノベーションをもたらした。より高品質かつ低コストで、幅広い用途を持った耐久性の高い製品がつくれるようになったのだ。旭硝子はすぐにこの新技術のライセンスを取得した。米国のコーニング・グラス・ワークス社が開発したテレビ用ブラウン管の技術についてもすぐにライセンスを取得し、急成長中だった日本の電子産業に製品を供給した。化学品部門においても着実に新たな専門分野に進出していった。

三菱グループ内の化学系企業との直接的競合を避けるため、旭硝子は石油化学には参入せず、水素や塩素、アルカリやハロゲン（フッ素、ヨウ素など）といったニッチな領域に重点を置いた。それがポリ塩化ビニルやフッ素製品といったプラスチック開発への道を開いた。さらにそれはETFE（エチレンテトラフルオロエチレン共重合体）などの価値の高いフッ素関連製品の開発へとつながった。ETFEはフッ素樹脂の一種で、半導体、自動車、エネルギー、建設など、多くの分野で使用されるフィルムにもなる。旭硝子はこうした多様な製品開発に加えてさらに高度なレベルの特殊化学製品へ進出し、日本の大規模な化学産業のなかで独自の位置を占めるようになった。

創業から一〇〇年以上経過し、現在は世界最大手のガラスメーカーである。二〇一八年の売上高は一兆五〇〇〇億円を超え、三〇カ国以上の拠点で五万四〇〇〇人の従業員が働いている。

売上の六六％をアジア市場、二三％をヨーロッパ市場、一一％を米国市場が占める（図2・4）。ガラスは売上の四八％を占め、従業員の六二％が従事し、営業利益のうちエレクトロニクスとほぼ同等の約一九％を生み出している。対照的に、化学品部門はその他の大規模なグループに比べて従業員数が少ないものの、売上の三一％、営業利益の五九％を生んでいる。

懸案の一つは、ガラスに依存し続けていることだ。ガラス産業は競争がますます激化しており、近年ＦＵＹＡＯ（福耀）社をはじめとする中国系企業が自動車用ガラス産業に参入していることにも注意が必要だ。海外の競合企業は既に困難な決断を下し、事業の位置づけを見直していた。その結果、世界のガラス産業は地域ごとに統合が進んでいる。旭硝子は多角経営を行う世界で唯一のガラスメーカーとなり、電子事業（ガラス基板等）ではコーニング社、建築用ガラスや自動車用ガラスではピルキントン社とサンゴバン社、特殊化学製品部門では数々の化学系企業と競合している。

経営陣の課題意識

二〇一五年一月にＣＥＯに就任した島村氏にとってのチャレンジは何だったのか。四期連続の減収減益によって、社内の雰囲気は沈滞していた。当時の社内の空気感を想像し

図2.4 AGCグループの拠点展開

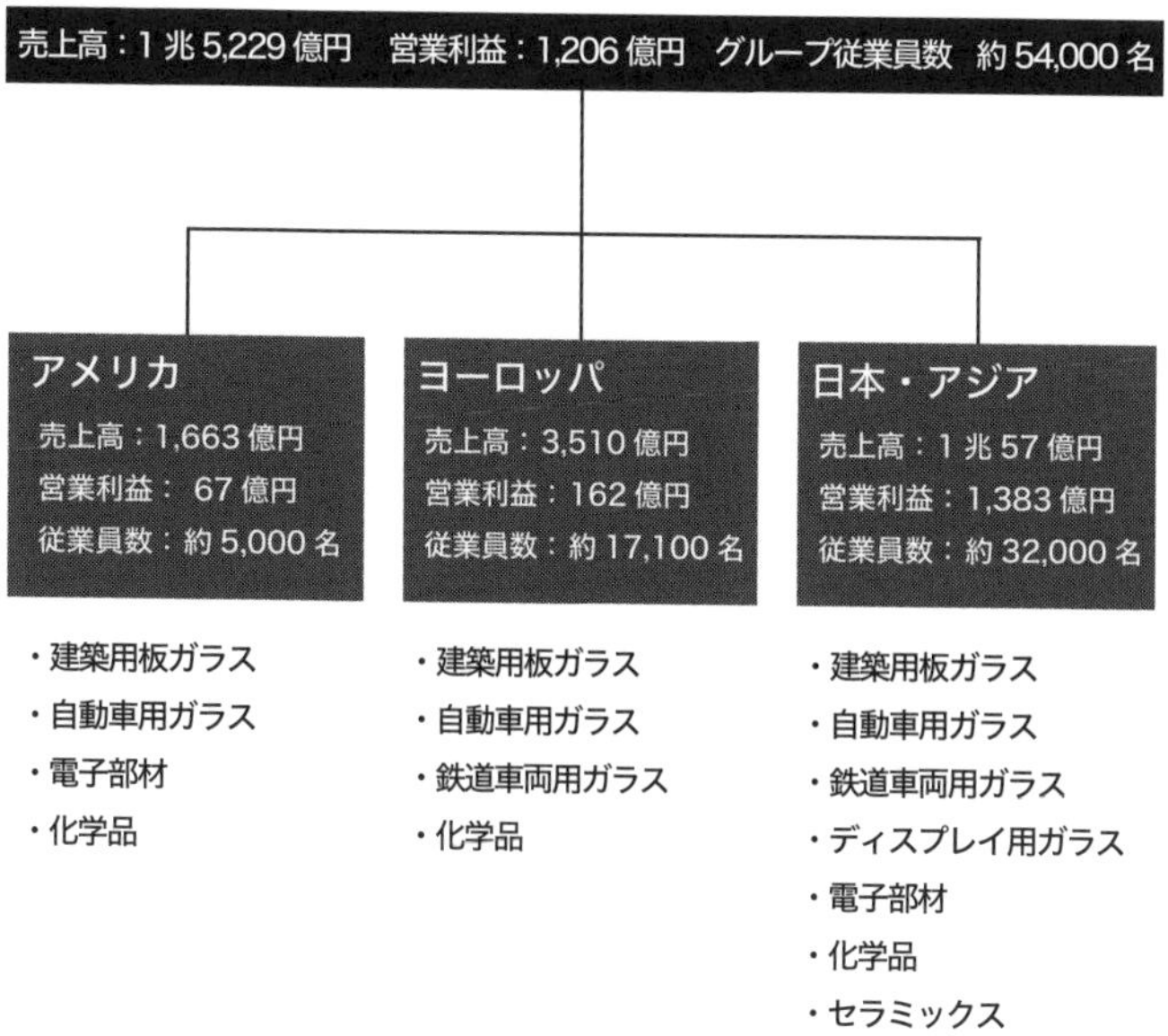

(2018年12月期)

※売上高の構成比は、外部顧客に対する売上高を使用
※地域別売上及び利益は、消去、地域共通費用控除前の数字であるため、
各地域別売上及び利益の合計は全社売上及び利益とは一致しません
※売上高、営業利益はIFRSベースの数値です

てみてほしい。まだ赤字計上には追い込まれていないものの、先の見通しが立たず、徐々に売上・利益が低迷していく状況下での社員の心境を。このタイミングで、もしあなたがＣＥＯに就任したならば、何をしなければならないと思うだろうか。

当然、既存事業の立て直しは必要だろう。しかし、コスト削減などの業績立て直しの取り組みは前任の石村和彦氏（現会長）の下で四年間も続いていた。それは必然的に組織に疲弊をもたらしていた。

島村氏は次の三点を解決すべき課題と考えた。

①どのように事業ポートフォリオをリバランスすれば、高収益部門を強化できるか。
②ＡＧＣが進むべき道——会社の目標——は何か。
③どうすれば従業員のやる気を取り戻し、社内に蔓延する内向きの思考を克服できるか。

島村氏は二三歳のときに旭硝子に入社し、三二年間化学品事業に携わってきた。大半は不採算部門または採算性が低下している部門の担当だった。四〇歳代前半には典型的なコモディティであるクロール・アルカリ事業の立て直しという難題を任された。当時、社内では化学品事業の売却が噂されていた。人員削減されるか他社に吸収されるというのだ。同事業は失敗と見なされていたのである。慎重に市場分析を行った島村氏は、旭硝子が強い基盤を持っていた東日本に集中し、西日本は撤退するというアイデアを思いついた。そして、以降は東南アジア進出に重点を置くことを決断し、インドネシアに事業を拡大した。現在クロール・アルカリのセグメントはAGCで最も収益性の高い事業の一つとなっている。

この経験から島村氏は二つのことを学んだ。一つは、既存の想定を疑い代替戦略を模索する必要があるということ。もう一つは、リーダーシップが重要であり、それは組織のあらゆる階層の人々が関与する形で発揮され、かつ常にトップが率先して遂行すべきものだということだ。

企業が減収減益の下方スパイラルに陥ると、経営幹部は焦点を絞ってスパイラルを食い止める方法を模索することが多い。その結果、売上と利益が落ち込んだ原因を特定しようと内向きになり、効率を高め、コスト削減に注力しがちだ。これは島村氏がCEOに就任する前のAGCにも当てはまる。

こうした傾向に気づいた島村氏は、幹部らのマインドセットを戦略とイノベーションに関する包括的なビジョンへ切り替えることが重要だと判断した。

たとえば、売上が横ばいのディスプレイ事業には、プレッシャーをかけて増収を目指すのではなく、キャッシュジェネレーターという新しい役割を与える。これによりディスプレイ事業部門のマネジメントは増収のプレッシャーから解放され、主にフリーキャッシュフローを増やすことに集中できるようになる。その役割は効率性を高めることであり、新たな成長事業を見出すのは本社コーポレート部門の役目というわけだ。

新たなビジョンを描いて各事業の位置づけを再定義し、事業ポートフォリオのリバランスを進めるとともに、沈滞した社員のマインドセットを前向きに変革する。戦略と組織を一体として同時に変えていく取り組みが始まった。

三つの戦略事業分野

事業ポートフォリオのリバランスは、会社の資産と設備を活用して新たな市場に参入する方法を模索することから始めた。

プロセスに着手する際、島村氏はまず「ＡＧＣ ｐｌｕｓ」という新たな経営方針を示した。「素材を製造する企業」から「素材を開発する企業」へ変化し、素材のソリューション提供会社になるというものだ。それを踏まえて、大きな目標として「社会が必要とする素材を提供する」ことを掲げた中期戦略ビジョン「二〇二五年のありたい姿」が策定された。

「二〇二五年のありたい姿」はＡＧＣの「コア事業」と「戦略事業」を定義した。コア事業（ガラス、化学品、セラミックス）は競争力のない領域からは撤退し、残った領域では効率性を重視して、戦略事業のための安定した収入基盤を提供するものとされた。「戦略事業」は次の成長エンジンとなる高成長分野の新事業である（**図2・5**）。

図 2.5 「ありたい姿」の実現に向けて

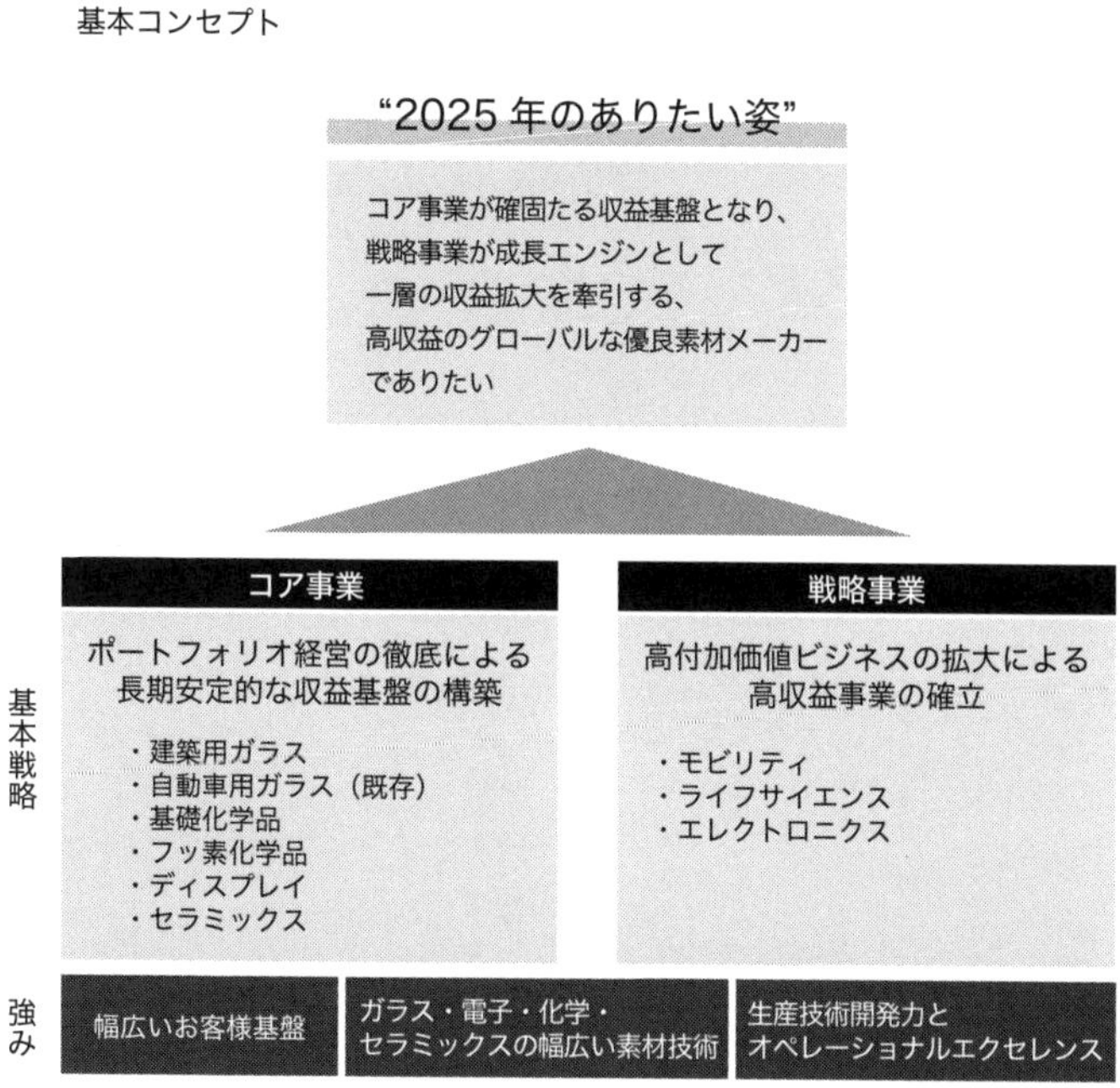
基本コンセプト
"2025年のありたい姿"
コア事業が確固たる収益基盤となり、
戦略事業が成長エンジンとして
一層の収益拡大を牽引する、
高収益のグローバルな優良素材メーカー
でありたい
基本戦略
コア事業
ポートフォリオ経営の徹底による
長期安定的な収益基盤の構築
・建築用ガラス
・自動車用ガラス（既存）
・基礎化学品
・フッ素化学品
・ディスプレイ
・セラミックス
戦略事業
高付加価値ビジネスの拡大による
高収益事業の確立
・モビリティ
・ライフサイエンス
・エレクトロニクス
強み
幅広いお客様基盤
ガラス・電子・化学・
セラミックスの幅広い素材技術
生産技術開発力と
オペレーショナルエクセレンス

戦略策定プロセスにおいて、交通インフラストラクチャー（自動運転等）、ユビキタスなコネクティビティ（データおよび通信の速度と密度の向上）、世界人口の増加および長寿化（先進的な医薬品の必要性）といった分野におけるマクロ・トレンドと素材の需要を検証した。それを踏まえて、将来的な成長と収益をもたらす戦略事業の分野として特定されたのが、モビリティ、ライフサイエンス、エレクトロニクスの三つである。

三つの戦略事業はそれぞれ独立したユニットとして運営され、将来的な成長を担うことになった。そのために三〇〇〇億円の投資枠も設定された。三つの戦略事業のうちどこからでも説得力のある新事業計画が提案された場合、それをサポートするための投資予算であり、既存事業におけるM＆Aにも使われるものだ。

三つの戦略事業の具体的内容と取り組み状況は以下の通りである。

モビリティ

情報技術と通信技術との統合のニーズ拡大がもたらす事業機会を背景にしており、想定している事業テーマには自動運転や交通インフラストラクチャー（内装用ディスプレイ、次世代アンテナ、エコカーの部品や素材）が含まれる。これは大きな事業機会につながる可能性があり、会社としては多額の投資をする必要があった。

村野忠之氏が本部長を務めるモビリティ事業は五〇〜六〇名の社員を擁し、ＡＧＣ本社コーポレート部門が出資しているが、オートモーティブカンパニー・プレジデントの監督下にあり、コア事業からのサポートとリソースを活用する。村野氏はオートモーティブカンパニーでの勤続二〇年の経験があり、他の若手リーダー同様、海外勤務経験もある。モビリティ事業ユニットのメンバーの半数が中途採用（三〇〜三五歳）で、他社での勤務経験があり、社内では珍しい特殊なスキルを持っている。

村野氏の説明によると、新たな機会を探索すべく、小規模なチーム一つ一つが特定の技術や市場をターゲットとして活動している。それぞれ売上・収益目標を伴う五年間の戦略計画を持ち、それぞれに既存のコア事業とは異なる指標（契約件数等）で進捗状況を評価する。各チームには既存の製造設備の使用が許可されており、たとえば村野氏は欧州の拠点工場の中に「イノベーション・ファクトリー」と称する実験工程ラインを構築する試みを行っている。ここで重要なのは、オートモーティブカンパニーはモビリティ事業ユニットの損失に対する責任を負わない点だ。しかしコア事業と対立が生じることもあり、意見の不一致があれば、解決は経営チームの判断に委ねられる。この事業の顧客の半数はＡＧＣにとって新規顧客である。村野氏は、大きな課題は事業のスピードアップと組織カルチャーの変革だと考えている。

ライフサイエンス

人口の増加と高齢化に伴う必要性の高まりによってもたらされる事業機会を背景にしている。

この事業は化学合成およびバイオテクノロジーにより製造する医薬品を扱っており、農業市場に供給しているものもある。

同事業を担ってきた倉田英之氏（現常務執行役員技術本部長）は、この事業を発展させるのに三〇年かかったという。何年も前、旭硝子は独自の医薬品の開発に挑戦してその多くは失敗したが、一つは成功し、同社はその製品の有効成分を供給している。同社が製薬業界のマクロ・トレンドを検証したところ、大手製薬会社は研究開発費を削減して新興企業の買収に頼り、自社での研究開発活動はバイオベースの医薬品にシフトしていることがわかった。またこれらの新興企業は薬剤開発に重点を置いており、自ら製造することを望んではいなかった。新興企業によって新しく開発された薬品の多くは高度な製造技術を必要としていたことから、AGCは自社のフッ素化学および高度な製造技術を活用すれば、新興小企業のための信頼できるCDMO（受託開発製造企業）になれることに気づいた。今日、多くのバイオテクノロジー企業や大手製薬会社は外部の製造委託先を求めているのである。

モビリティ事業と同様に、バイオ医薬品ライフサイエンス事業ユニットも当初資金と人材はAGC本社コーポレート部門が提供し、後に化学品カンパニーに移管された。また、倉田氏は社内のより大きな既存事業の資産と設備を活用でき、それによってこの新しいユニットはドイツ、スペイン、米国の企業を買収することで規模を拡大することができた。二〇一九年には社員一〇〇〇人、収益四億ドルにまで成長し、二〇二五年には一〇億ドルに達する見通しである。

エレクトロニクス

カメラ、センサー、高速通信、データ記憶装置、半導体製造用の素材および光学素子がもたらす事業機会に着目している。AGCは液晶用ガラス基板において世界第二位のメーカーだ。このほか、現在はスマートフォンや、自動運転車の内装用およびナビゲーションディスプレイ用途に化学強化用特殊ガラス（Dragontrail®）を供給している。

エレクトロニクス領域の事業開発プロセスはモビリティ領域、ライフサイエンス領域と似ており、一〇以上の小規模なチームが新素材（バーチャルリアリティ用ヘッドホン等）を用いた潜在的な新事業を探索している。この取り組みの課題は、既に成熟したディスプレイガラス製造事業は効率性を重視したトップダウンのプロセスを必要とするのに対し、新事業を模索するチームは敏捷性と迅速な反応を求められることにある。戦略事業はコア事業とはまったく異なるカルチャーを必要とするということだ。

ビジョン実現へのハードル

もちろん、ターゲット領域を定めて組織体制を整えるだけで新規事業がうまくいくわけではない。問題はどう実行するかである。

新技術を開発するのは難しい。新製品を二〜三点開発するのにも一〇〇〇件の新しいアイデアが必要だ。AGCの事業では、素材事業であるため製品開発に一〇年もの立案期間を要することも多い。また、戦略事業にはこれまでとは異なるタイプの人材、異なる組織設計、異なるカルチャーも必要と思われる。こうした点に難しさを感じ、新規事業開発をしたくても何からどう始めたらよいかわからないと悩む企業は少なくないだろう。

過去に自社がどのような形で新たな製品や事業を開発してきたかを振り返ることは、ヒントになるかもしれない。

宮地伸二CFOの説明によれば、AGCは一九八〇年代、膨大な需要が発生するずっと前から超薄ガラスの開発を始めていたという。AGCは電気通信が3Gから4G、5Gと進化し、自動運転の車が街を走るようになれば、新しい素材のニーズが生じることを見越していたのだ（AGCでは「待ち伏せ開発」と呼ぶ）。バッテリーの電力が人々の生活の中心になると、AGCはフッ素樹脂の専門知識を活用して、寿命の長い燃料電池をつくるのに必要な素材を開発した。

平井良典CTOはAGCの特徴を興味深い言葉で表現している。「AGCは自らイノベーションを起こすタイプの企業ではないかもしれません。その代わり、製品や素材を提供することで、（他社の）イノベーションを加速しているのです」。これを成功させるため、AGCは顧客と長期にわたる緊密な関係を築き、技術者と営業社員、事業開発のエキスパートが円滑にコミュニケーションできるようにしている。たとえばAGCがシリコンバレーに設置した拠点では、自動運転関係の顧客と電子機器メーカー、大学と連携している。

AGCが革新的な新技術や製造工程を開発できたのは、ガラス製造、コーティング、フッ素化学、セラミックスといった同社のコア・ケイパビリティを統合したからだ。同社の真の強みは大規模かつ緊密な顧客ベース、ガラス、化学品、エレクトロニクス、セラミックスといった多様な材料技術および製造技術における高度なケイパビリティとオペレーショナル・エクセレンスだ。こうした自社の強み、既存のコア事業の能力や資産をうまく生かすことが、戦略事業の成功には必要となるだろう。

その一方では、コア事業の効率性を高めるという課題もある。つまり、現行の事業においては効率的であり、新事業の開発においてはクリエイティブでなければならない。一つの屋根の下で二つの異なるタイプの事業を経営するのだ。ビジョンを実現するには、組織経営のあり方自体を革新しなければならない。

島村CEOらが直面したこれらの課題こそ、近年の経営学で最も注目されているテーマの一つ、「両利きの経営」である。次章ではその理論的枠組みを踏まえた上で、AGCにおける取り組みとポイントを解説する。

第3章

両利きの経営――成熟企業の生き残り戦略

前章のケースで見たように、ＡＧＣは日本の多くの成熟した大企業と同様の壁に直面していた。そこで島村ＣＥＯが始めた変革で目指したのは、既存事業を維持・強化しながら次代の成長エンジンとなる新規事業を創出すること――「両利きの経営」だ。本章では、成熟企業の生き残りの道と言える「両利きの経営」論の本質について、そのベースにあるコングルエンス・モデルを参照しながら解説する。その上でＡＧＣにおける「両利きの経営」の実践がどのような組織デザインの下で行われているのかを見ていこう。

「両利きの経営」とは何か

「両利きの経営」とは、既存事業の「深掘り」(exploit) と新しい事業機会の「探索」(explore) を両立させる経営のことである (**図3・1**)。本書の共著者でスタンフォード大学経営大学院教授のチャールズ・オライリーとハーバード・ビジネススクール教授のマイケル・タッシュマンが一九九六年に初めて発表した経営理論であり[1]、論文発表以来、膨大な実証研究が積み上げられてきた。日本では二〇一九年に翻訳刊行された書籍によって広く知られるようになった理論だ。

図3.1 「両利きの経営」

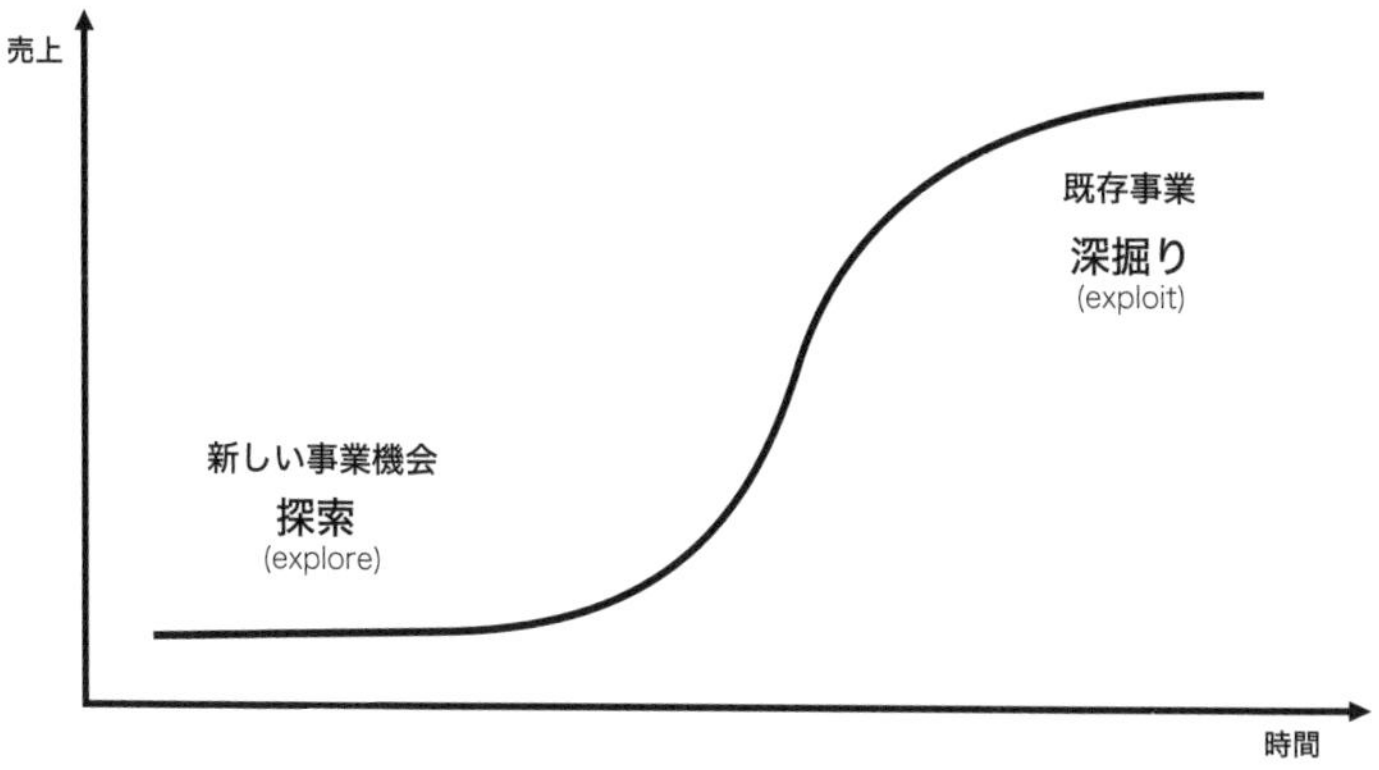

図3.2 成長のS字カーブ

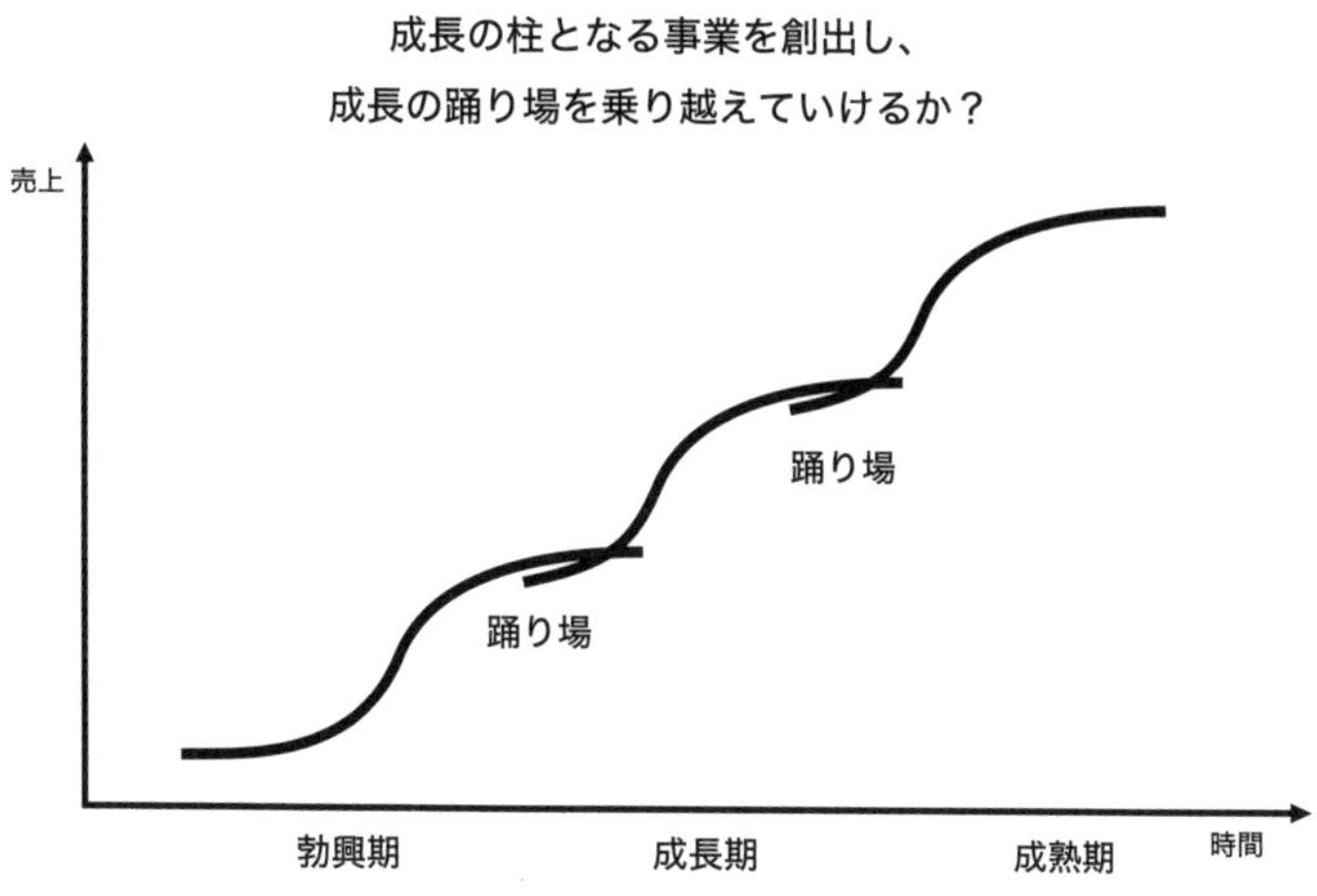

事業にはライフサイクルがあり、一般に「勃興期」「成長期」「成熟期」「衰退期」というフェーズをたどる。成長のS字カーブとして知られているものだ。企業が長期的に生き残り、繁栄し続けるためには、個々の事業のS字カーブをうまくつなぎ、成長の波に乗っていかなければならない。すなわち、既存事業が衰退期に入る前の踊り場で、次の新たな成長事業を生み出さなければならない（**図3・2**）。

オライリーはよく両利きの経営を「同じ屋根の下で、異なる成長段階の事業が同居している経営」と表現する。同じ会社の中に、コア事業（成熟事業）、成長事業、そして探索事業（新規事業）が同居しているイメージだ（**図3・3**）。

これまで日本では、両利きの経営は「知の深化」と「知の探索」として紹介されてきた。自社の持つ特定分野の知を深掘りしていく「深

図3.3「両利きの経営」では異なる成長段階の事業が併存する

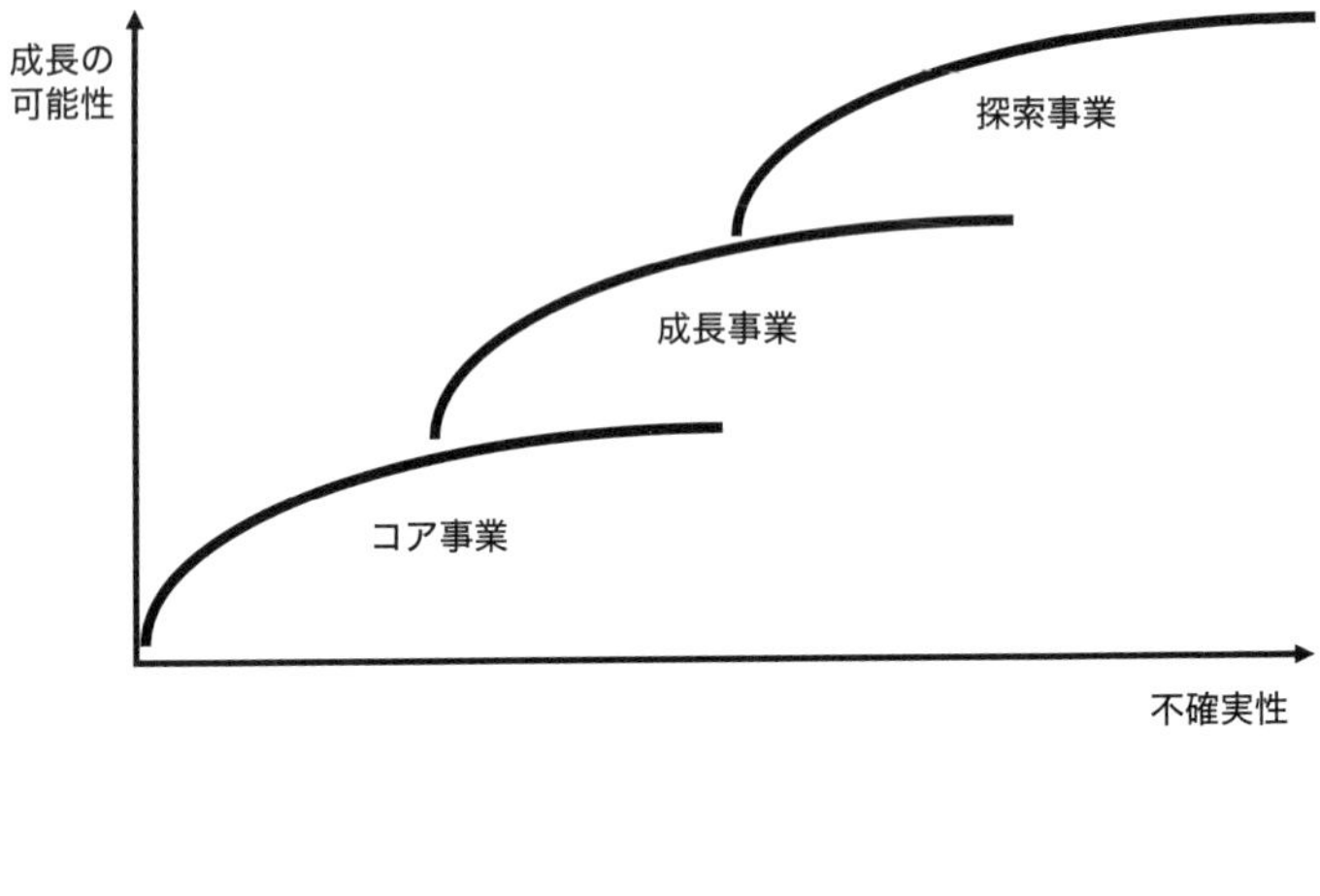

化」活動を行うことに加えて、自社の既存の認知を超え、社外の知と出会う「探索」活動によって、イノベーションを加速させるべきだという趣旨だ。いわゆる、オープン・イノベーション論である。

しかし、オライリーら自身は、「両利きの経営」は知識創造論やオープン・イノベーションを特に意図した理論ではないと言う(2)。それはむしろ組織イノベーション論であり、本人は主に組織進化論として語る。成熟した組織を次の段階に進化させるために「深掘り」と「探索」の両方を高いレベルで行う必要があるというわけだ。

「両利きの経営」の実践例としては、オンライン書店から事業領域を広げてクラウド・コンピューティング事業を伸ばしてきたアマゾン、ハードウェア企業からサービスプロバイダへの転換を果たしたIBM、衰退期にある新聞事業を維持しつつオンラインニュース事業を育てたUSAトゥデイなどが挙げられており、日本企業では写真事業から医薬品や化粧品などへの多角化を成功させた富士フイルムが好例として語られている。

業態転換を成し遂げた富士フイルムとよく対比して語られるのが、米コダック社だ。富士フイルムのライバル企業であったコダックは二〇一二年に倒産した。デジタル化への対応が遅れたためと言われている。企業活動が「深掘り」に偏り「探索」を怠ったために、時代の変化に適応できなかったのだ。「両利きの経営」を実践できるかどうかは、企業の命運を分ける大問題なのである。

「両利きの経営」の背景には、「成熟企業は自ら変われないと新興企業に一気にディスラプト（創造的破壊）されてしまう」という強い危機意識があるのだ。

異なる組織能力を併存させる

もしかすると読者の中には、「両利きの経営」について、「これは当たり前のことではないか」という感想を持つ方もいるかもしれない。実際、既存の事業を回しながら新しい事業に投資していくというだけなら、言い古されてきた事業ポートフォリオ論に見えるだろう。

しかし、既存事業と新規事業の両立は、現実には口で言うほど簡単ではない。というのも、既存事業を深掘りする活動と、新規事業を探索する活動とでは、求められる組織能力が異なるからだ。[3]

「両利きの経営」を論じる上でしばしば参照される「イノベーション・ストリーム」というフレームワーク（**図3・4**）を見てほしい。これはイノベーションの生まれ得る領域（方向性）を整理した図である。コア事業を「深掘り」しながら、どの方向に「探索」するかを考えるための枠組みと言える。

左下の象限は既存事業の領域であり、他の三象限がイノベーションの方向性を表す。改善によって生まれる「漸進型イノベーション」、技術革新などの大きな変化によって生まれる「不連続型イノベーション」、既存の製品やサービスを創意工夫により大幅に向上させる「アーキテクチュアル・イノベーション」である。

この図を見て、戦略論で有名な「アンゾフ・マトリクス」を想起する方も多いだろう。「製品」と「市場」を二軸とし、「既存製品×既存市場」「既存製品×新規市場」「新規製品×既存事業」「新規製品×新規市場」という四象限で事業の成長戦略を考えるフレームワークだ。

二つの図は似ているが、イノベーション・ストリームでは、横軸は「製品」ではなく「組織能力」である。「組織能力」と「市場・顧客」の掛け合わせによってイノベーション

図3.4 イノベーション・ストリーム

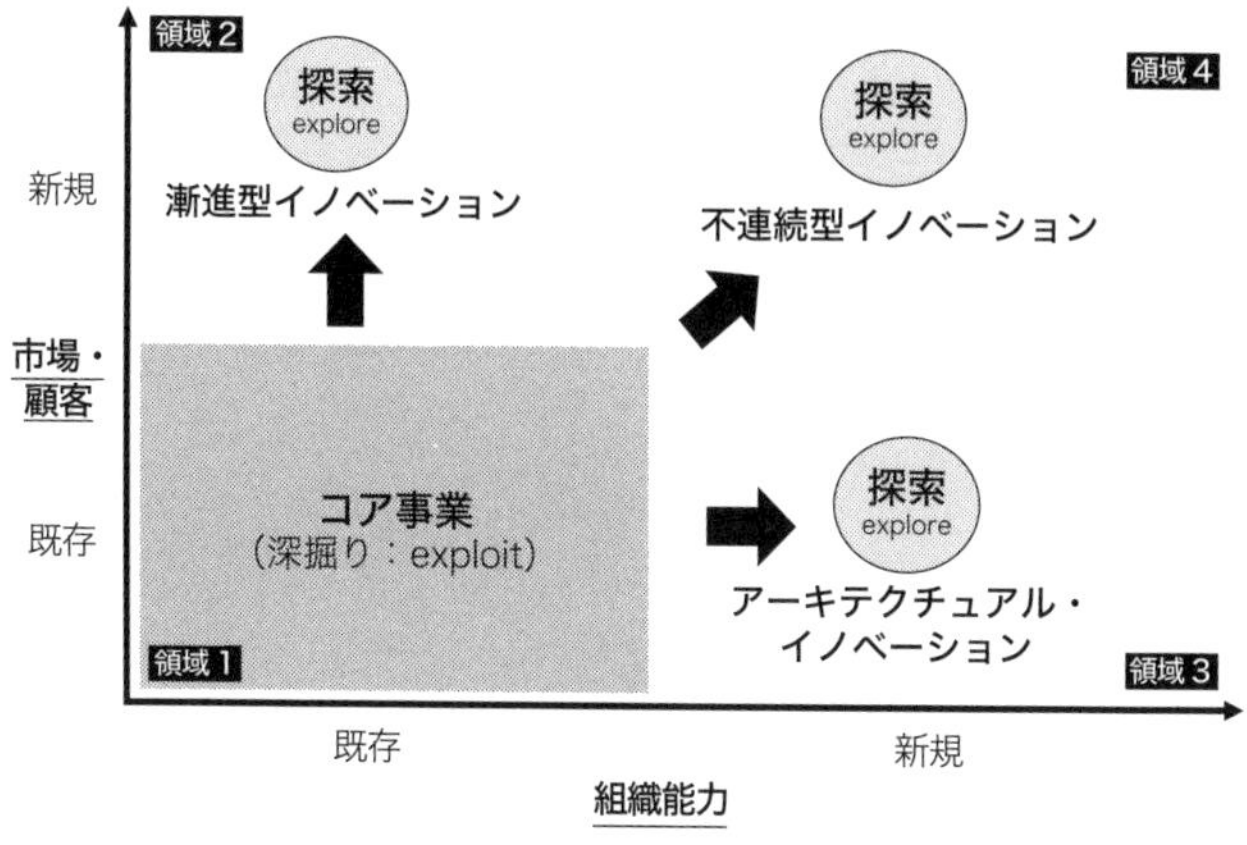

の方向性を示しているのだ。

既存の組織能力を新たな市場に適用していくのが漸進型イノベーションである。これは一般に日本のグローバル企業が得意としてきた領域であり、既に開拓余地が少なくなっている例も多いだろう。

これに対して、他の二つのイノベーションでは、新たな組織能力が必要とされる。言い換えれば、新たな組織能力を獲得しないかぎり、不連続型イノベーションやアーキテクチュアル・イノベーションは起こせないということになる。

新しい商品・サービスづくりに取り組むとは、単に未開拓市場に乗り出すということではない。これまでとは異なる組織能力を形成しなければならないのだ。「両利きの経営」が組織イノベーション論としての意味を持つことがお分かりいただけると思う。


難題は、既存事業の深掘りに適した組織能力と、新規事業の探索に適した組織能力は、しばしば相容れないものであることだ。

精緻な計画と管理体制によって高品質の製品を作り上げることに適した組織能力と、失敗を恐れずにさまざまなアイデアを試して学習していくことに適した組織能力は大きく異なる。既存事業に適したやり方で新規事業を推し進めた結果、新規事業が頓挫するという事態は珍しくない。異なる組織能力を持った組織は互いに対立し得るし、カニバライゼーション（共喰い）のように、相手の活動を阻害することさえある。他社にディスラプトされるくらいなら、自社でディスラプトするという理屈だ。しかし、当然、そこには当事者間の感情的な葛藤や対立などのテンションやコンフリクトが生まれることになる。

こうした難しさがあっても、成熟企業が生き残るためには、既存の組織能力を活かしながら、新たな組織能力をどうにかして獲得していかなければならないのである。

このように、**「両利きの経営」の核心は、「既存事業を深掘りする」という組織能力と「新しい事業機会を探索する」という組織能力、さらにこれら二つの相矛盾する組織能力を併存させる組織能力という、三つの組織能力の獲得を目指すことにある。そのためには、各々の能力形成を可能とする組織カルチャー（仕事のやり方）をマネジメントすることが大切なのだ**（図3・5）。

図3.5 両利きに求められる三つの組織能力

両利きの経営を実践するには、①既存事業を深掘りする能力、②事業機会を探索する能力、さらに③異なる能力を併存させる組織能力という、三つの組織能力を形成することが必要となる。

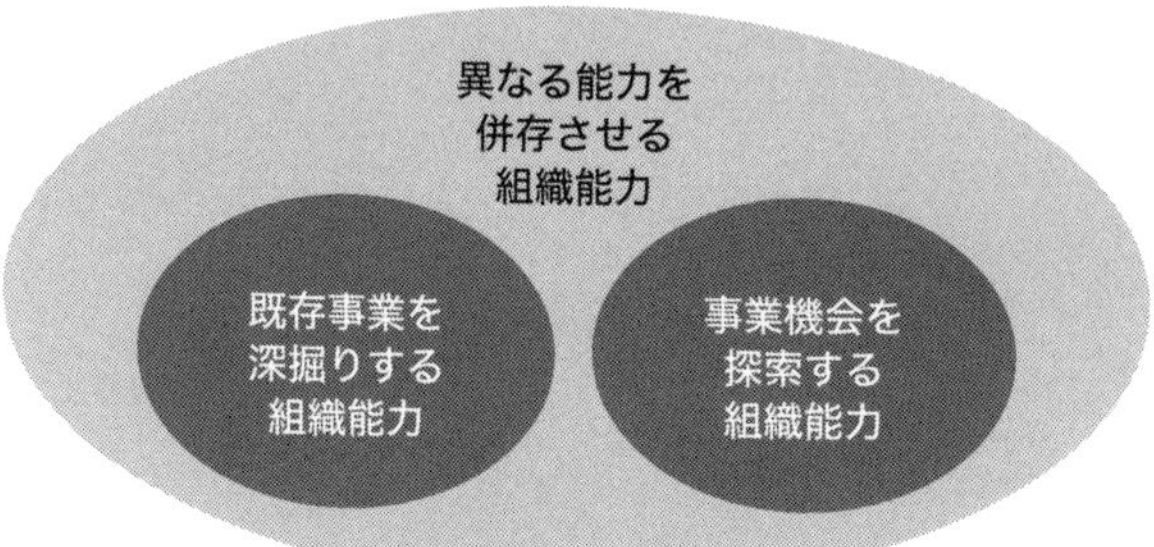

組織を読み解く視点――コングルエンス・モデル

このように「両利きの経営」は本質的に組織経営論であり、その核心は異なる組織能力の形成と併存にあるが、そもそも組織能力とはいったい何だろうか。組織の能力はどのようなものから構成されるのだろうか。組織能力を発揮しているとはどのような状態を言うのだろうか。こうした点について考えていく上で、組織経営論の基本であり、両利きの経営のベースにもなっている「コングルエンス・モデル」[4]を紹介しておこう。

コングルエンス・モデルは、組織という漠とした存在に具体的なイメージを与えてくれる理論モデルだ（図3・6）。組織を語る際の共通言語となり、共通イメージを醸成するのにとても役に立つ。働く人なら誰でも組織について語ることがあるであろうが、組織の問題を複数の人で議論し取り扱うのは、実はとても難しい。人によって頭の中で思い浮かべているイメージが異なるからだ。組織に関する情報をどれだけデータ化して見える化したとしても、立場によって、また個人の主観的な体験の有無によって、その解釈が異なることが多いのだ（だからこそ、議論ではなく、対話によってお互いの現状認識を擦り合わせることが必要なのだ）。

コングルエンス・モデルでは、ダイナミックな活動体である組織を四つの基本要素で捉える。「KSF（Key Success Factor：成功の鍵）」「人材」「公式の組織」「組織カルチャー」の四要素

図3.6 組織を構成する基本要素（コングルエンス・モデル）

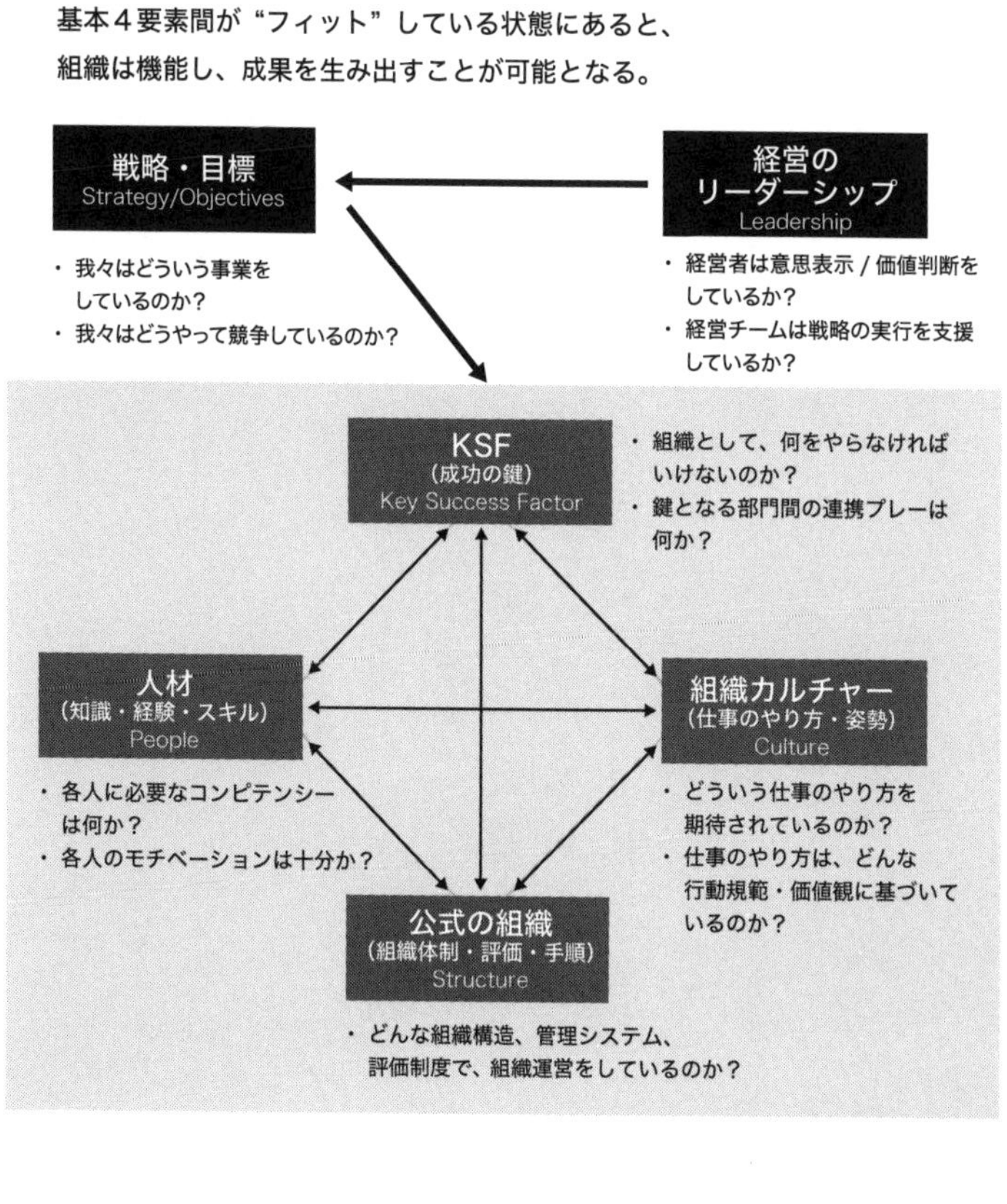

である。

「KSF」とは、「現在の戦略を実行する上でのカギ」（実行課題）を意味する。第1章で触れたように、戦略と組織は車の両輪の関係にあり、戦略論を実行するためにあるのが組織論だ（組織論から新たな戦略論が生まれることもある）。したがって戦略実行の鍵であるKSFは、戦略論と組織論の連結点となる。

「人材（People）」とは、「どういう知識・経験・スキルをもった人材がいるのか」を意味する。一般に組織能力という言葉を聞いてイメージしやすいのがこの要素かもしれない。

「公式の組織」は少し説明が必要だ。これは「組織カルチャー」という非公式な組織の対語として使われており、「構造（Structure）」と表現される場合もある。つまり、「組織体制、評価制度、仕事上の仕組み・手順」なども含む広い概念である。

「組織カルチャー（Culture）」とは、「組織文化」と表現されることもある。第1章で触れたように、この概念については日米での微妙な語感の違いがある。日本では「組織風土」や「社風」「組織のDNA」といった言葉で語られることも多く、組織に深く根差した固定的なものとして捉えられやすい（そのためしばしば組織が変われない言い訳として使われてしまう）。また組織の雰囲気のような抽象的なものとして考えられがちなようだ。だが、組織経営論における組織カルチャーとは、その組織で観察される特有の「行動パターン」のことである。それは行動を規定している「組織規範（Norm）」や組織で共有されている価値観（Value）を反映しており、マネジメントがその気にさえなれば変えられるものである。ここでは、その組織特有の「仕事のやり方」と理解されたい。

さらに、四つの基本要素の背景として、その組織が採用している「戦略」があり、「経営のリーダーシップ」がある。「戦略（Strategy）」は、組織が目指しているもの、組織経営の方向性という意味で、「目標（Objective）」と表現される場合もある。「経営のリーダーシップ（Leadership）」とは、「経営者（経営チーム）はどういうキャラクターの人物で、どんなリーダーシップ・スタイルをとるのか？」ということだ。より具体的には、経営者がどんな意志表示をしているか、さらに判断が必要な局面でどんな価値判断（何を良しとするか？）をしているか、ということになる。

このようにコングルエンス・モデルでは、多角的な視点から組織を描写することになる。組織は生き物であるからこそ、固定的に捉えることが難しい。四要素のダイナミックな、せめぎあいによる均衡状態として存在するのが、現在の組織なのだ。

コングルエンス・モデルを活用することで、組織の現状を読み解くこと（組織診断）ができ、組織の理想の姿を描き出すこと（組織ビジョンの策定）も可能となる。たとえば、「ある組織のＫＳＦは何なのか？　ＫＳＦを実行するのに必要な人材はどういう人材なのか？　その人材を評価する仕組みはどうあるべきなのか？　そうした人材が働きやすくなるには、どんな組織カルチャーが必要なのか?」というように問いを重ねながら、組織の現状を読み解いたり、目指すべき姿を描いたりしていくのだ。

アラインメントと慣性の力

コングルエンス・モデルでは、KSF・人材・公式の組織・組織カルチャーの四要素がお互いに矛盾なくフィット(適合)している関係になって初めて組織はスムーズに機能すると考える(それゆえ、これまで一部では「整合性モデル」と訳されてきた)。

これまで数十年にわたって、このモデルをベースにした学術的な実証研究がなされてきた。オライリーの研究成果の一つに、「組織カルチャーが競争力の源泉になる」ことの実証があるが、その研究では「リーダーシップ・戦略・KSF・人材・制度/仕組み・組織カルチャー」の適合度合(フィット)が鍵とされた。

四要素が互いにフィットしている状態であることを、「アラインメントが取れている」という。組織論を語る上で、この「アラインメント(Alignment:結合)」という言葉は重要な概念だ。グローバル企業では一般的によく使われている言葉で、敢えて訳せば「(四要素が)うまく噛み合って結びつき、調和がとれている状態」となろうが、一般的にはそのまま「アラインメント」を使うことが多い。たとえば、「ウチの組織は戦略とアラインメントが取れているか？」というような質問があたりまえのようになされている。

組織の良し悪しを議論すると、どうしても主観的な話になりがちだ。個人の経験的な尺度を基準に議論が展開してしまう。だからこそ、ここでは、「基本要素のアラインメント（結合）が取れて、初めて組織は機能する（組織能力を発揮できる）」という原則を確認しておきたい。

したがって、**組織経営の核心は、「事業環境に応じて、経営者（経営チーム）がリーダーシップを発揮し、戦略を策定し、戦略を実行できる組織をどう作るか？」、つまり、「その事業に適したアラインメントの形成ができるかどうか？」ということになるのだ。**

「両利きの経営」論に照らして言えば、異なる組織能力（既存事業に適した組織能力と、探索事業に適した組織能力）を併存させるということは、事業ごとに異なるアラインメントを併存させることと言い換えられる。既存事業のために培われたアラインメントが存在する中で、新たなアラインメントを形成することが課題となるのである。

このように、コングルエンス・モデルの原則は、「基本要素間のアラインメントが取れて、初めて組織は機能する」ということだ。適切なアラインメントが形成できれば、組織はその能力を十分に発揮し、繁栄することができる。そして、アラインメントが取れている場合には、四要素間の適合度合（フィット）を調節・調整する必要があるのだ（なお、ここまでコングルエンス〔Congruence〕、フィット〔Fit〕、アラインメント〔Alignment〕とカタカナ表記が並んで、少し抵抗感を覚える読者がいるかもしれないので、補足しておきたい。いずれの用語も、基本要素間で整合性があり、うまく噛み合って、上手に結びつき、調和がとれている状態に着目している点を押さえていただくとわかりやすいと思う)。

では、かつては機能していた組織が衰退してしまうということが、なぜ起こるのだろうか？ その根本原因は、成功した組織で必ず発生してしまうもの、**「慣性の力（Inertia）」**にある。

慣性の力とは、事業環境が変化しつつあるにもかかわらず、既存のアラインメントを変えられない（新しいアラインメントを形成できない）という現象を生み出す原因だ。それは過去の事業環境に対する「過剰適応」であり、**「成功の罠（サクセス・トラップ、サクセス・シンドローム）」**と呼ばれる（**図3・7**）。この「成功の罠」

図3.7 成功の罠（サクセス・トラップ）

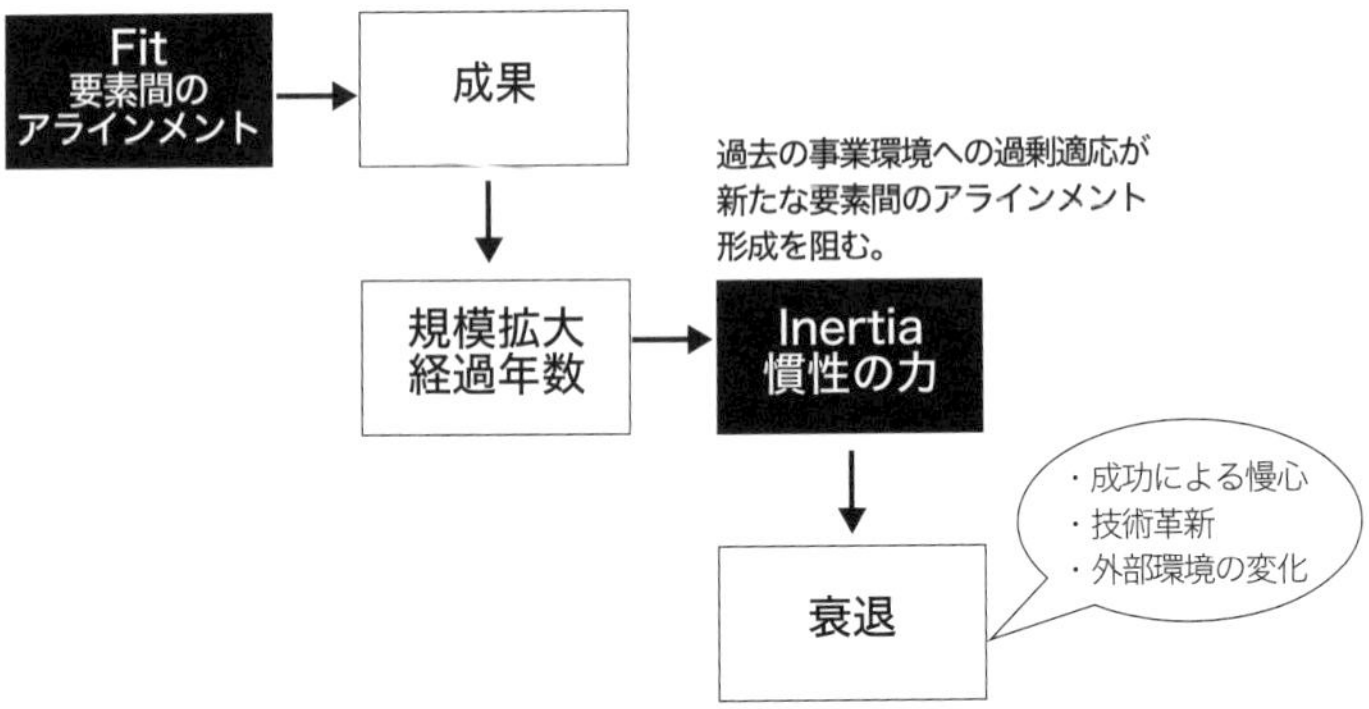

をいかに抜け出すか。これこそが組織変革の実践における最大のテーマだ。

慣性の力の正体は、「これまでの慣れ親しんだやり方を変えたくない」という、ある種の自己満足の組織カルチャーだ。いわゆる大企業病のことである。組織開発の現場でも、しばしば「慣性の力」が働いていることを示す発言に遭遇する。「変わりたくても自分たちだけでは変えられない」、「新しい仕事のやり方が必要だが、忙しくて手が出せない」という前向きなジレンマを語る声から、「余計なことはしたくない」、「どうせやっても無駄」というサボタージュに近い諦めの声もあれば、「俺たちはこのやり方でやってきた」というプライドをかけた抵抗宣言までさまざまだ。

組織が慣性の力にとらわれて昔のアラインメントから抜け出せずにいると、やがて組織は衰退することになる。アラインメントは組織が機能するために決定的に重要なものである一方で、固定化すると衰退を招くものにもなるのである。

移行の難しさ――なぜ新規事業は潰されるのか

先述したように、経営者には、事業のライフサイクルを踏まえて持続的な「成長の波」を作り出していくことが求められる。S字カーブで表される成長曲線は「勃興期→成長期→成熟期」

という軌跡を描き、各期の間には曲線がフラットになる踊り場の局面がある。組織経営の視点から見ると、踊り場は新しいアラインメント形成が必要な局面に達しているということだ。つまり、事業にはそれぞれの局面（勃興期→成長期→成熟期）に応じたアラインメントがあるのだ（図3・8）。

たとえば、「勃興期に必要なKSF、そのKSFを実行する人材、その人材を評価する仕組み、その人材たちの仕事のやり方」と「成熟期に求められるKSF、そのKSFを実行する人材、その人材を評価する仕組み、その人材たちの仕事のやり方」は明らかに異なるだろう。経営者には、赤字転落などの局面に追い込まれる前に、既存のアラインメントを中断し、新たなアラインメント形成に乗り出す決断力が求められる。

組織がアラインメントを作りなおしていくプロセスこそ組織進化（オーガニゼーショナル・エボリューション）である。組織を進化させるためには、「既存のアラインメントを中断し、新しいアラインメントを形成する」という移行期（トランジッション）を通過しなければならないのだ（図3・9）。

しかし、アラインメントの移行（中断）は以下の点で非常に難易度の高い課題である。

①恐怖心が生じる

組織の移行期はとても不安定にならざるをえない。空中ブランコを想像してほしい。新しい

図 3.8 進化する組織 I

組織が進化するには、事業の段階に応じた
組織内のアラインメント形成が不可欠。

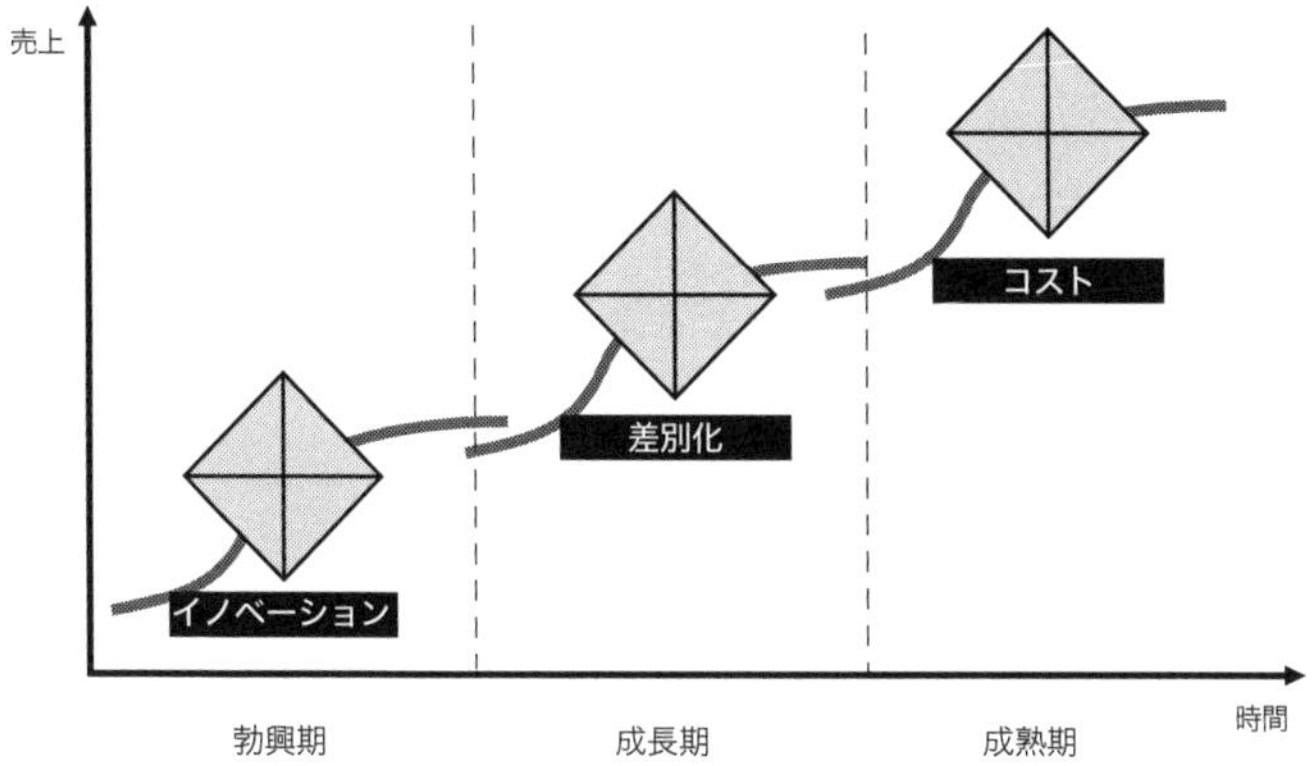

図 3.9 進化する組織 II

経営者が既存のアラインメントを中断させ、組織内のアラインメントを
組み直すことで、組織は進化する。

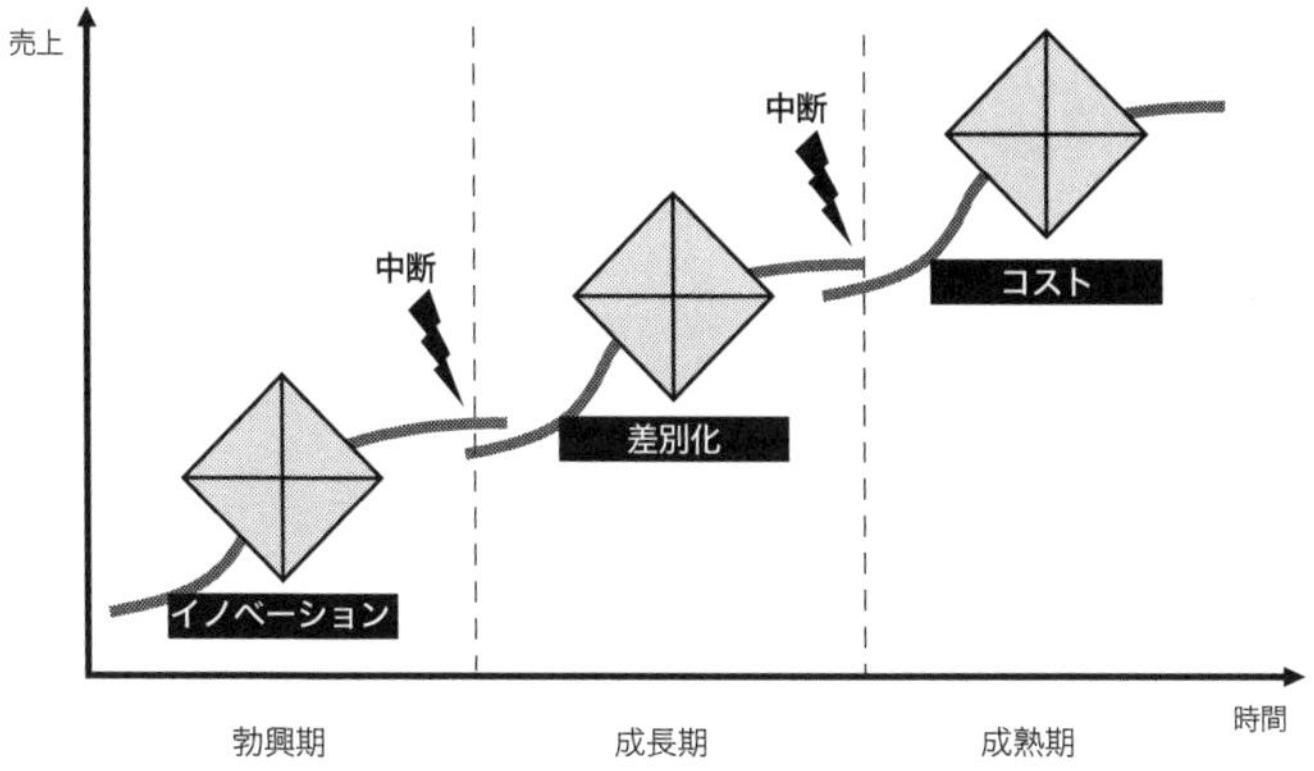

ブランコに飛び移るためには、片手で向こうからやってくる新しいブランコを掴むと同時に、もう一方の手は既存のブランコを手放さなければならない。しかし、手放すことは怖い。恐怖感がある。しかし、手放さないと宙づりとなってしまうのだ。恐怖心という感情的な要素が、組織の移行を難しくする。

　移行期における組織の感情は、「現状満足↓反発↓不安↓刷新」というプロセスを辿るという考え方がある[5]（**図3・10**）。既存のやり方に満足していた組織は、経営者による組織変革の取り組みに対して、まず反発するだろう。その反発に経営者がひるまず変革を進めると、次に組織は先が見えない不安に陥るだろう。その不安の暗いトンネルを突き抜けると、ようやく組織は刷新された段階に辿り着く。しかし、途中の反発にひるんだり、不安から後戻りしたりしてしまうと、いつまで

図3.10 移行期における組織感情の推移（"4 Rooms of Change"）

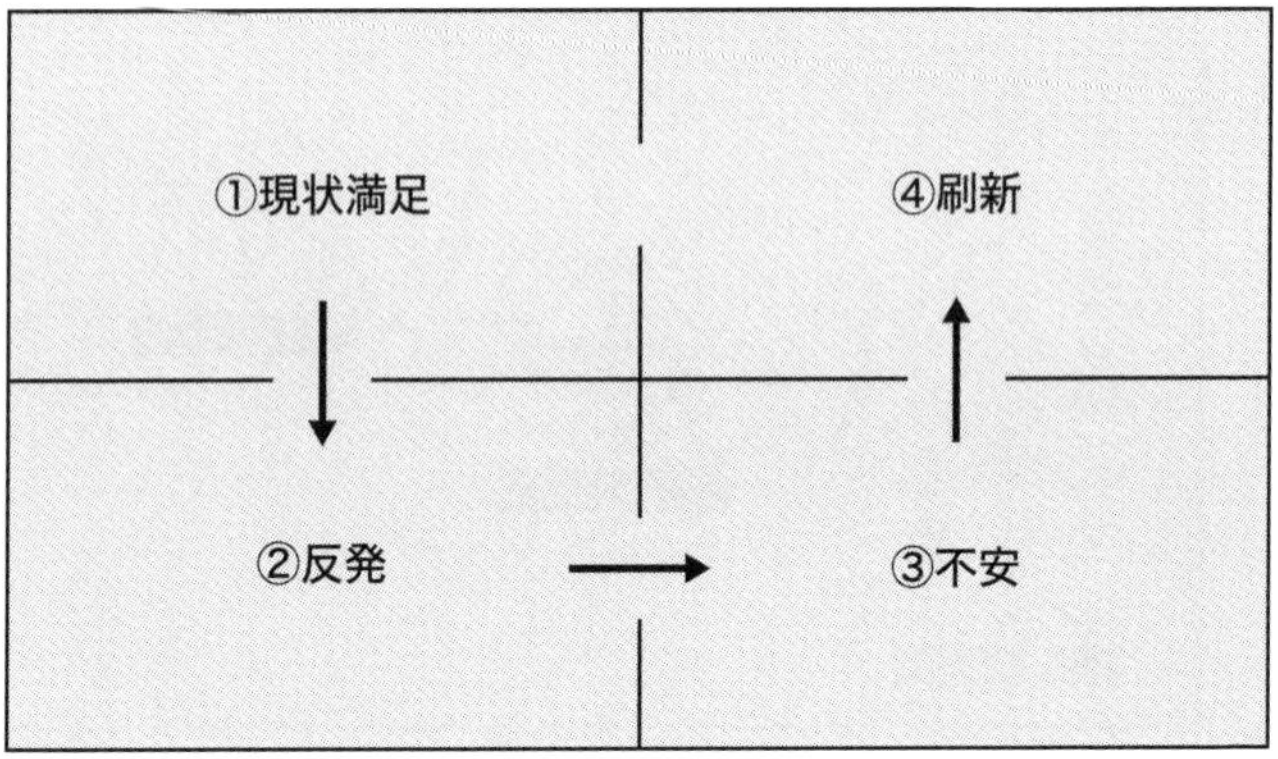

© Four Rooms of Change

たっても、古いアラインメントを刷新することができず、新しいアラインメントを形成することはできない。組織変革をやり切るには、経営者の意志と価値判断が不可欠なのだ。

②時間がかかる

また、新しいアラインメントの形成には時間がかかる。特に（経営危機に陥る前の）平時にそれを行うのはきわめて根気のいる取り組みだ。各人の立場によって、危機意識の感度が大きく異なるからだ。その結果、特定の部門やキーマンからの反発や抵抗が避けられない。一方で、事業環境の変化はアラインメントの形成を待ってはくれない。

どうにかして既存のアラインメントから新しいアラインメントへの移行を加速できないか。この切実なニーズに対する答えが、「既存事業を回しながら、同時に新規の事業を探索する」という両利きの経営のコンセプトなのだ（同時に追求する点が、オライリーの提唱する両利き論の学術的なブレイクスルーである）。つまり、既存事業でのアラインメントを調節しながら、同時に別途新たなアラインメントの形成を目指すのである。

③新旧アラインメントの差異が大きい

既存事業（深掘り）のアラインメントと新規事業（探索）のアラインメントとは、まったく異なるものだ。これがきわめて難しいポイントとなる。

四つの基本要素の一つ「組織カルチャー」を考えてみてほしい。既存事業でアラインメントを構成しているのは、「言われたことを確実にやり遂げる」というカルチャーだろう。一方で、新規事業では、「とりあえずやってみないと始まらない」というカルチャーが求められる場合が多い。

そのため往々にして新規事業は、既存事業の組織カルチャーによって妨害され、潰されてしまうことになる。たとえば、ある既存の事業部の資産・能力を活用して新規事業プロジェクトの立ち上げを支援した場合、その事業部からは「自分たちが汗水流して稼いだ利益をどうして湯水のように使うのか？」「一円単位でコスト削減しているのが馬鹿らしくなる」「この投資からの収益はウチの事業部でちゃんと刈り取れるのか？」といった感情的な反発が生じるのだ。

また同調圧力の強い組織では、新規事業プロジェクトがいつのまにか既存事業のカルチャーに侵食され、探索に不可欠の挑戦心や活気が失われ、立ち消えとなってしまうことが多い。たとえば、自分でも不安を抱えながらいざ試そうとしているときに、「ウチがやる意味はあるのか？」「本当か？」「大丈夫か？」「着地点はどこか？」と何度も問い質されると、チャレンジする気概も失せてしまうだろう。**経営者が意図的な支援と保護をしない限り、探索事業は既存事業の組織カルチャーに殺されてしまう（駆逐されてしまう）というリアルな実態があるのだ。**

一方で、経営者が新規事業の支援ばかりに注力して既存事業の組織カルチャーをないがしろにすると、別の問題が生じる。既存事業に携わる従業員のエンゲージメントが低下し、人材の流出や品質の劣化を招きかねない。いくら新規事業が必要とはいえ、それが軌道に乗らないうちに現在の会社を支えている既存事業が崩れてしまっては元も子もない。

このように、アラインメントの移行にはいくつもの難題があるが、特に四つの基本要素の中でも組織カルチャーの移行がポイントとなる。以下で見ていくように「両利きの経営」はこれらの難題を乗り越えることを射程に入れた経営理論である。大企業病を打ち破る「攻めと守りの経営」なのだ。現場におけるリアルな組織力学を踏まえた実践的な経営論であることを述べておきたい。

＊

ここまでの説明で、「両利きの経営」論のエッセンスをご理解いただけたことと思う。既存事業を維持しながらも新規事業（探索事業）を生み出すこと。そのために新たなアラインメントを形成すること。それを通じて組織に進化をもたらすのが両利きの経営なのだ。

本章の残りのページでは、この課題にＡＧＣがどのように取り組んだのかについて、まずは事業開発の具体的な方向性と組織デザインについて見ていこう。

ＡＧＣにおける「両利きの経営」

先ほど紹介した「イノベーション・ストリーム」を使って、ＡＧＣにおける事業の方向性を確認してみよう（**図3・11**）。既存のコア事業を深化させつつ、新規の事業機会（イノベーションの方向性）をどの領域で探索するのかを示すフレームワークだ。以下四つの領域に区分して考える。

領域１「既存の組織能力」×「既存の市場」（コア事業の領域）
領域２「既存の組織能力」×「新規の市場」（漸進型イノベーション）
領域３「新規の組織能力」×「既存の市場」（アーキテクチュアル・イノベーション）
領域４「新規の組織能力」×「新規の市場」（不連続型イノベーション）

領域２への探索とは、既存の組織能力を新規の市場に拡張する形での探索である。戦略三事業の一つであるライフサイエンス事業は、ドイツのＣＤＭＯ（医薬品受託製造開発）を買収し、既存の微生物タンパク質の製造能力を活用して欧州進出を実現している（ライフサイエンスⅠ）。モビリティ事業では、曲がるガラスを作り出す組織能力を車内タッチパネルという内製ガラスに転用して、新しい市場を創造している（モビリティⅠ）。また既存事業の化学品でも、タイのビニタイ社を買収し、東南アジアにおけるクロール・アルカリ事業の基盤を拡張しているのだ。

領域3は強い顧客基盤をベースとした新たな組織能力の開発が必要となる領域であり、事業開発でいうところの、いわゆる「染み出し」である。強い顧客基盤を持つAGCが得意の分野だ。既存顧客の新たなニーズに応えるという形で行われる新規事業開発である。

たとえば、モビリティ事業は特に次世代高速通信（5G）の実用化を大きな事業機会と捉え、取り組みに力を入れており、実際に成果も現れている。軽量かつ薄くて曲がる「ミリ波向け超低伝送損失フレキシ

図3.11 AGCのイノベーション・ストリーム

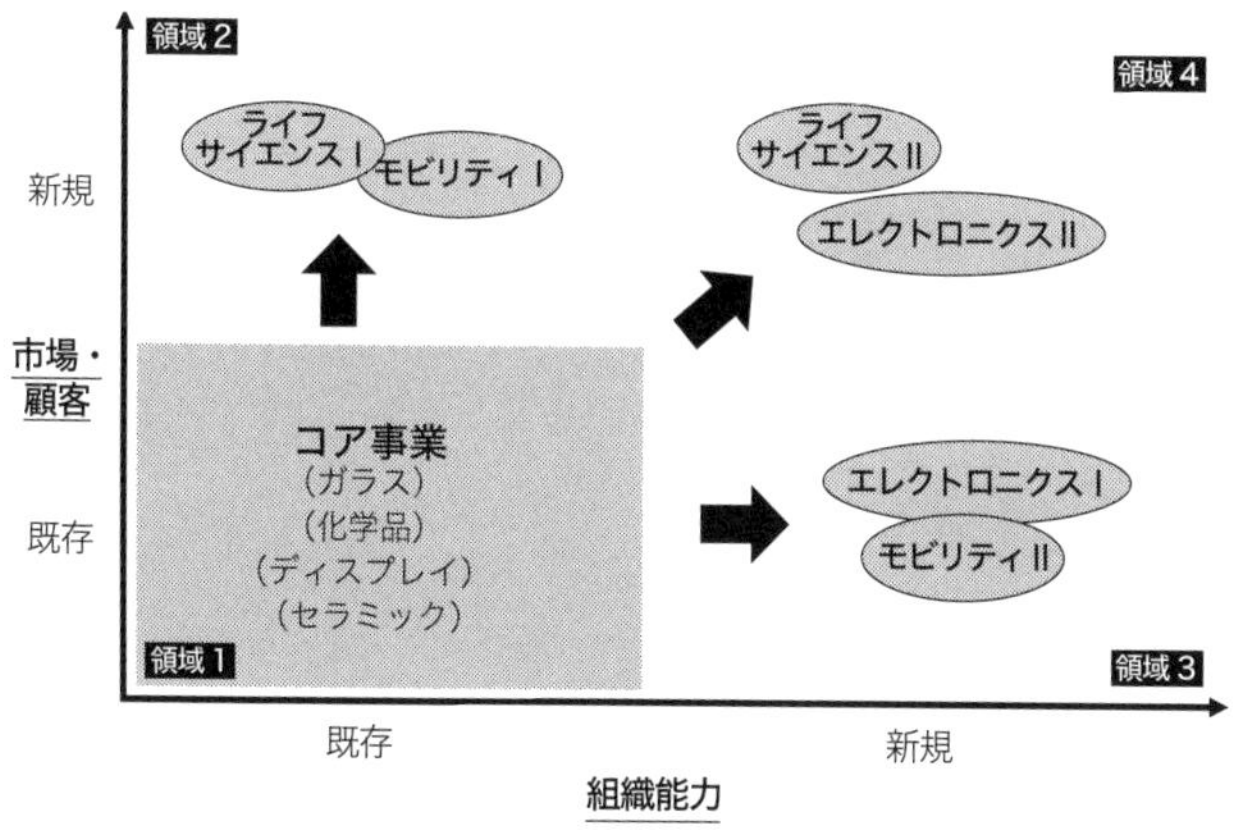

ブルアンテナ」の設計技術や自動車ガラスに貼り付けられる「ガラス一体型5Gアンテナ」（車載用ガラスアンテナ）を開発するなど、IoT時代、5G時代を見据えた新製品・新技術を次々と生み出しているのだ（モビリティⅡ）。また、エレクトロニクス事業では、次世代半導体製造プロセスの部材開発（EUVマスクブランクス）に成功している（エレクトロニクスⅠ）。

一方、領域4は「飛び地」であり、新たな顧客基盤の形成と新たな能力形成が必要な探索分野だ。たとえば、ライフサイエンス事業では、米国CDMOを買収し、それまでの植物性タンパク質由来ではなく新たに動物性タンパク質の製造技術を獲得し、CDMOのグローバルネットワークを作り上げた（ライフサイエンスⅡ）。またエレクトロニクス事業は、米国の電子部材会社からの事業譲渡（銅版積層板など）を受けることで進出を果たしている。

では、これらの事業をどのような組織体制によって行っているのだろうか。

「両利きの経営」は、既存事業で競争しつつ、既存の会社資産や組織能力を活用できそうな、新しい成長領域を探る経営手法だ。そのために、それぞれの事業に適したアラインメントを形成し、同じ屋根の下で併存できるようにする必要がある。

したがって、**「両利きの経営」を実践するためには、まず、「異なるアラインメントを必要とする事業は分離する」という組織デザインが必要条件となる**（図3・12）。また探索事業をコア事業から分離させるだけでなく、探索事業がコア事業の資産や能力にアクセスできるような

図3.12 両利きの経営の組織デザイン

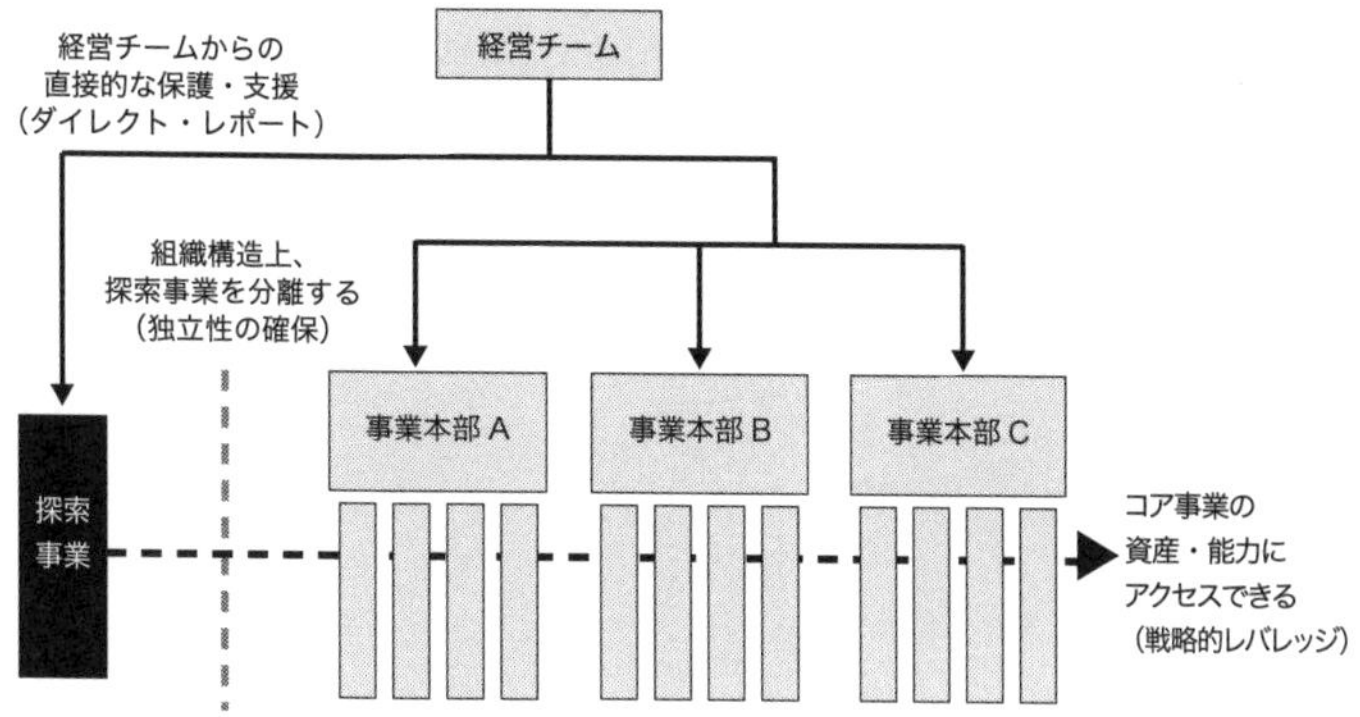

図3.13 AGC の組織デザイン

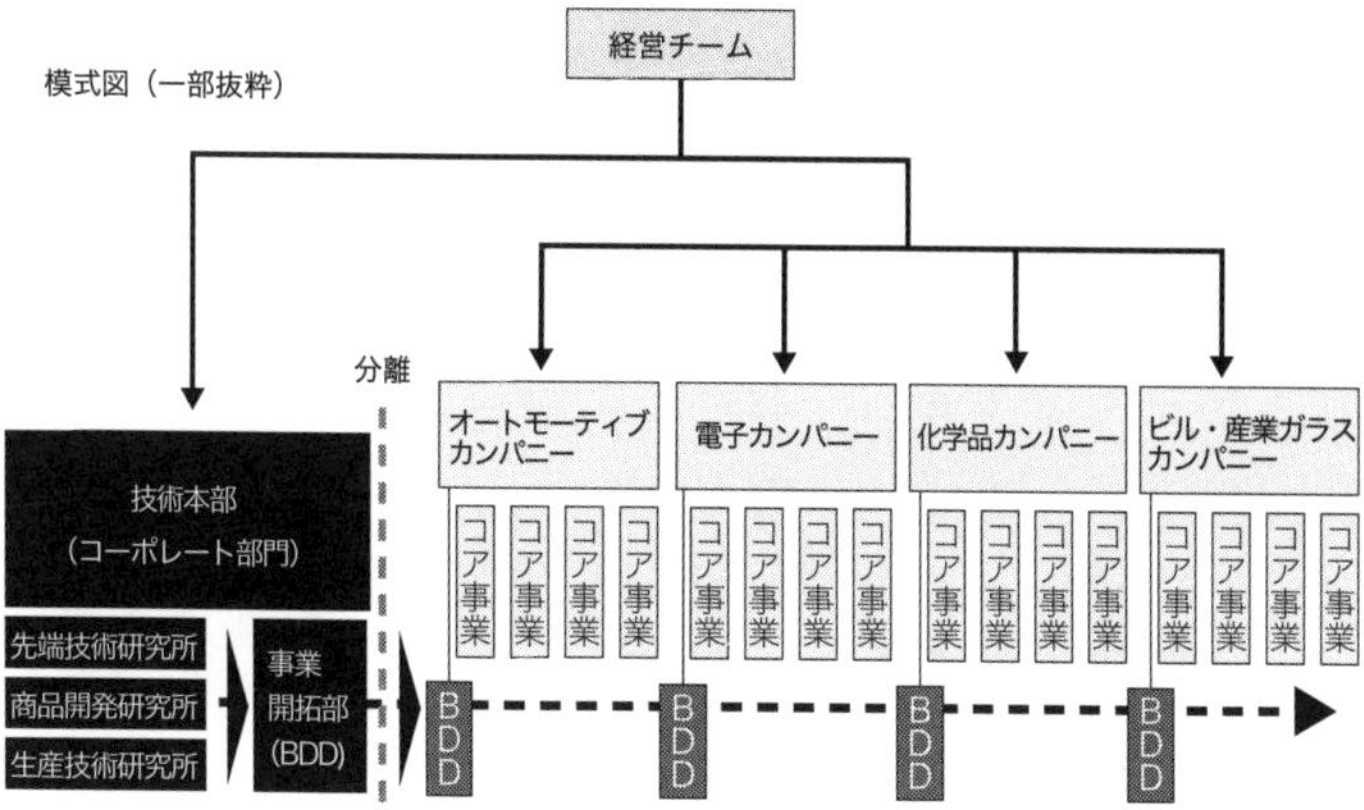

プロセスも確保する必要がある（後述）。

ＡＧＣの場合、コア事業の各カンパニー（ビル・産業ガラス、オートモーティブ、化学品、電子の各カンパニー、セラミックスの子会社）と探索事業の技術本部（先端技術研究所、商品開発研究所、生産技術部、知財部）と事業開拓部（ＢＤＤ：Business Development Division）に分かれている（**図3・13**）。

この中で、私たちは特に事業開拓部（ＢＤＤ）の役割に注目している。事業開拓部の主な役割は、Ｒ＆Ｄで研究・開発された事業のネタを事業化し、各カンパニーに持ち込めるように育成することにある（後述）。

組織デザイン上、大事な点は、探索事業が経営チーム（ＣＥＯ、ＣＴＯ、ＣＦＯ）に直接レポートする構造になっている点だ。探索事業は放っておくと、既存事業に駆逐されてしまうという宿命にある。既存事業で稼いだ資金を未来のために使うという行為は、理屈ではわかっても、なかなか当事者にとっては感情的に受け入れられない面がある。また探索事業での成果を図る尺度は既存事業を評価する尺度と異なるものを採用する必要がある。成長のステージがまったく異なるからだ。つまり、経営チームが直接的な保護を与えない限り、探索事業は育たないのだ。

ある大手メーカーでは、既存事業と探索事業を分けるところまでは経営トップの判断で行ったが、その後のプロセスには経営トップは関与しておらず、既存の事業本部長が管掌していた。

またその事業本部長は自ら汗をかくことなく、探索事業の担当部長に事業運営を任せきりであった。その結果、探索事業の部長が既存事業との利害調整に走り回ることになり、探索のスピードが上がらないという結果となっていた。当然の結果だ。探索事業の部長と既存事業の部長たち同士がいくら議論しても、誰も価値判断することができず、調整に終始する結果、障害がいつまでたっても解消しないからだ。両利きの経営における組織デザインとは、異なる事業を束ねるというガバナンス構造でもある。

AGCでは、既存コア事業と探索事業を組織構造上も明確に分け、探索事業は経営チームに直接レポートすることで、コア事業との無用な軋轢や利害対立を回避する構造となっているのだ（それでもさまざまな調整が必要となるのは事業の常である）。

分離しつつ統合する——事業開発成功の鍵

一時期、日本でも経団連を中心に、イノベーションのための「出島方式」が盛んに議論された。江戸時代の長崎の「出島」のように、特別に切り出した部門を設けて探索事業を行う方式だ[6]。

しかし、オライリーらの見方では、「両利きの経営」と「出島方式」は異なる。異なる組織カルチャーを形成するために、組織デザイン上、探索事業を既存事業から分離し、保護する必要があるものの、分離するだけではかえって孤立してしまうのだ。

分離するだけではなく、統合（融合）も必要だということが、組織経営上の重要なポイントである。『イノベーションのジレンマ』を著したクリスチャンセンも、かつてはジレンマの解決策として探索事業の別会社化（出島方式）を主張していたが、最近では両利きの経営の考え方に賛同している。

統合（融合）とは、探索事業が既存事業の資産や能力を活用できる（レバレッジ）ようにする仕掛けのことだ。成熟企業の最大の強みは、既存事業の資産と能力を保有していることにある（例：ブランド、顧客ベース、流通チャネル、生産能力、組織能力、人材）。新興企業によるディスラプションに応じていくには、既存事業の資産と能力をフルに活用しない手はない。そこにこそ、成熟企業の強みがあるのだ。新規の探索事業が事業戦略上の優先度が高く、既存の資産や能力を活用できる場合には、「分離しつつ、統合する」ことが有効であり、それこそが「両利きの経営」のアプローチなのだ（**図3・14**）。なお、優先度は高いが、既存の資産や能力を活用できない場合にのみ、「出島方式」（別会社）は有効とされている。

分離と統合があって初めて組織の進化は起こる。ＡＧＣの場合、統合のプロセスにおいて重要な役割を果たしているのが、事業開拓部（ＢＤＤ）である。

図3.14 両利きの経営が有効となる条件

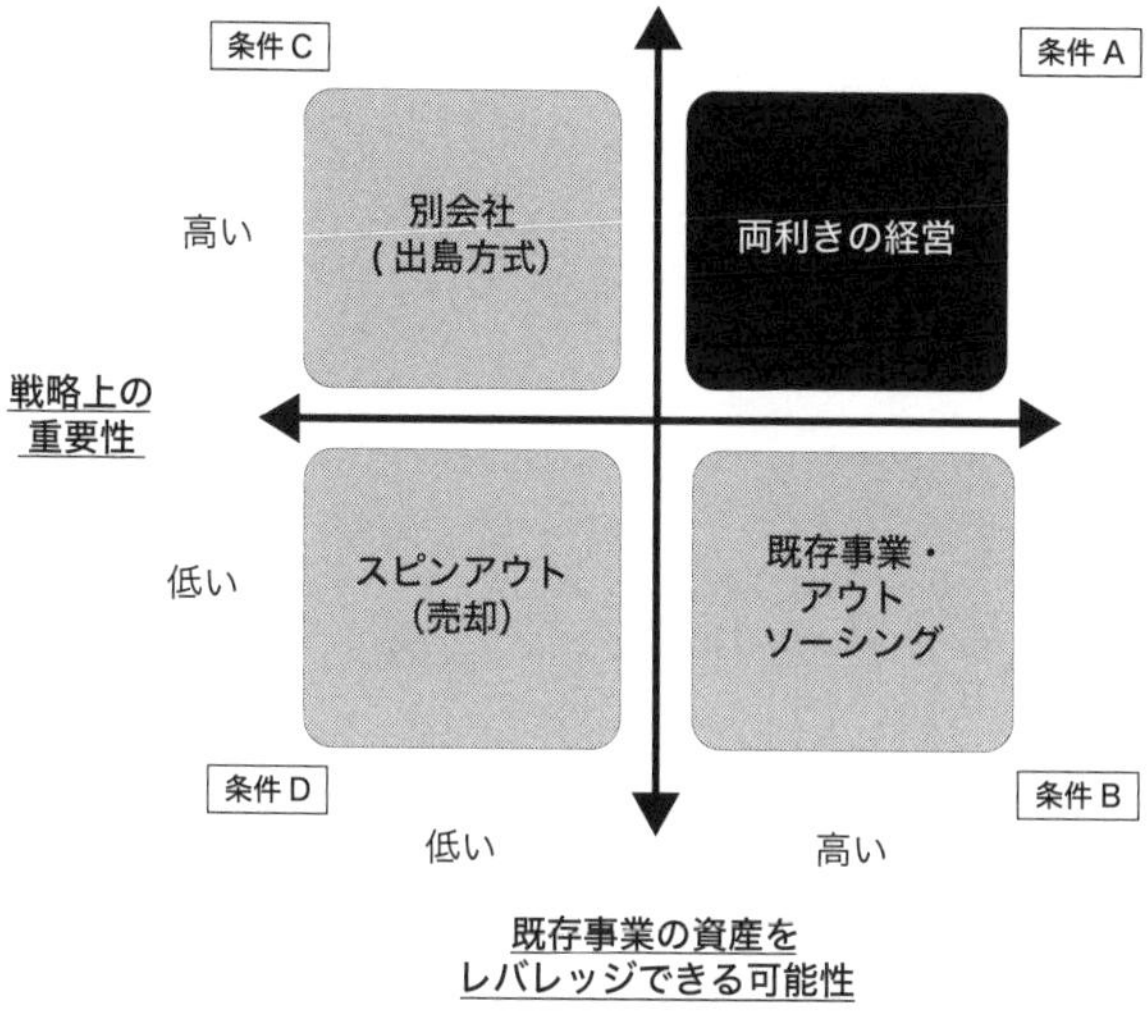

図3.15 既存事業と新規事業をつなぐ組織プロセス

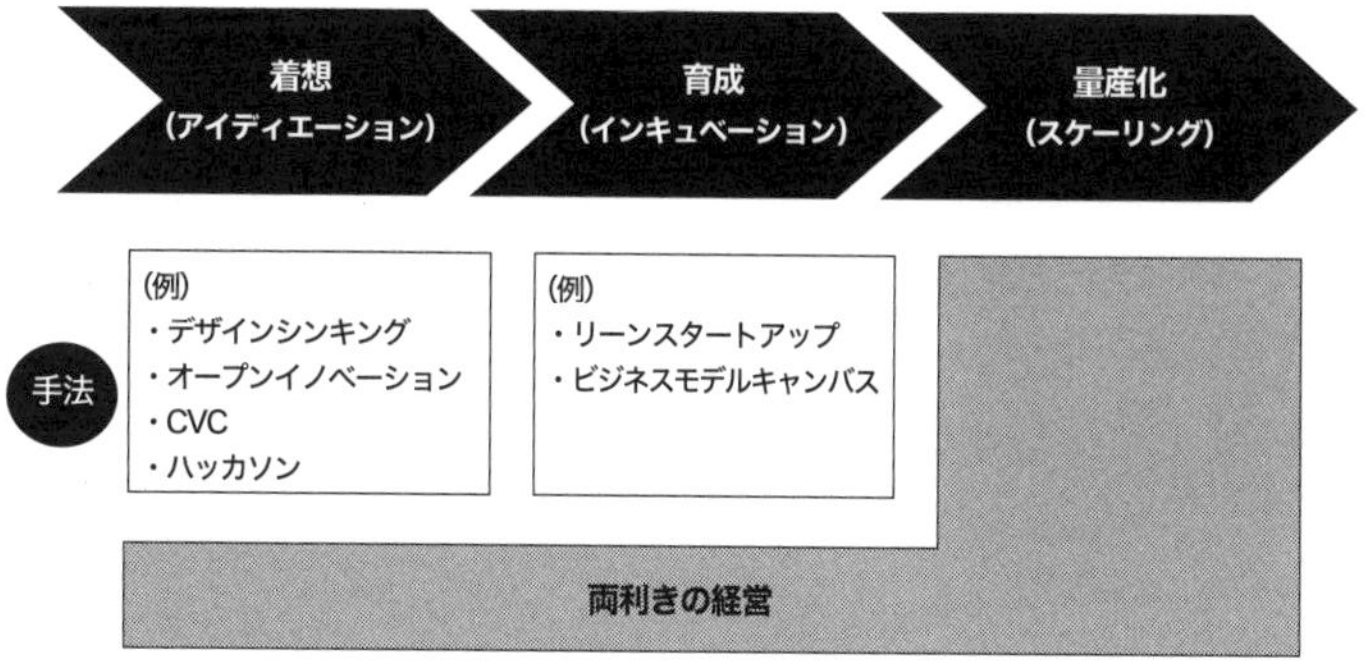

統合のプロセスは、「着想」「育成」「量産化」の三段階に整理される（**図3・15**）。「着想（アイディエーション）」ではデザインシンキングやハッカソン[7]、オープンイノベーションなどの手法によって事業のアイデアを創出する。「育成（インキュベーション）」はアイデアをもとに具体的な製品やサービス、ビジネスモデルを設計し、事業としての実効性を検証し練り上げていく段階だ。この段階では、リーンスタートアップ[8]やビジネスモデルキャンバス[9]といった手法が有効だろう。そして事業を本格的に展開し、相応のリソースを投入して拡大していくのが「量産化（スケーリング）」の段階である。経営手法としての「両利きの経営」は、着想・育成・量産化の三つすべての段階を視野にいれた手法なのである。

これら三つの段階は「研究」「開発」「事業化」と言っても良いだろう。ＡＧＣでは意味合いは同様だがＭ・Ｉ・Ｔ（マーケティング、インキュベーション、トランスファー）プロセスと称されている。執行役員事業開拓部長の高田聡氏はそれを以下のように説明している（なおＭ・Ｉ・Ｔという略称はマサチューセッツ工科大学（ＭＩＴ）をもじった面もあるそうだ）。

マーケティング……マクロ・トレンドと顧客との緊密な関係の組み合わせを活用して成長の可能性のある事業分野を特定。市場の潜在力およびＡＧＣが価値連鎖のどの部分に価値を付加できるかを考慮して評価を下す。イノベーションの多くは既存事業に近い領域で提案されるが、新事業になりうると判断される案件は五％程度だ。通常、こうしたイノベーションは技術本部に割り振られ、さらなる開発が行われる。そして将来性が見られた場合、事業開拓部から任命された小規模なチーム（五〜六人）がそれを探索する。このチームは技術者とビジネスの専門家の両方からなる。彼らのタスクは、その新技術あるいは新事業が機能するか判断することにある。

インキュベーション……このチームにさらに専門家を加え、実現可能な事業はあるか、顧客は新製品あるいは新サービスを受け入れるかを判断することに集中する。高田氏によれば、なかには開発に一〇年の歳月と一〇〇〇万ドルの資金を要するものもあるが、本社コーポレート部門がこうした試みに出資する。たとえば、高田氏は二〇〇九年にドイツの自動車メーカーを視察したチームの一員だった。この視察からプロジェクトが発足したのは二〇一二年、事業がモビリティ事業の一部として利益を上げたのは二〇一九年のことだったという。平井CTOによれば、このステージで事業が失敗したら、メンバーは研究開発に戻るか、新しい事業に移る。事業が利益を上げられるようになったら次のステージに進む。

トランスファー……本業の成長または買収によって事業規模を拡大する。しかし高田氏はこう指摘する。「移管によって利益率が下がったり、新しい事業責任者が十分な注意を払わなかったり、といった問題が生じることもあります」。そのため高田氏は、新事業は適切なカンパニー・プレジデントの直下に置くべきだという。そうすれば、成功のために必要な注目とリソースが得られ、既存の成熟事業のリーダーたちから余計なプレッシャーをかけられずに済むからだ。こうした事業の多くは収益が一定金額を超えた時点で、別の社内カンパニーとして独立することがある。

新たな事業機会の探索というと、「着想（研究）」や「育成（開発）」の過程が注目されがちだ。研究と開発の間にある大きな溝（「魔の川」）もよく問題視される。しかし、事業開拓部部長の中川秀樹氏は、「日本企業は技術で勝っても、事業で負けているのではないか」と語る。「育成（開発）」と「量産化（事業化）」の間にはさらなる溝、「死の谷」があると言うのだ（図3・16）。「魔の川」と「死の谷」を越えていくために、AGC独自にアレンジしたステージゲート法[10]が採用されている。そこでは、「面白そうか」「売れそうか」「勝てそうか」「儲かりそうか」を問い続けるという。さらに、AGCらしいのは、「（ウチで）造れそうか？」「粘れそうか？」とも自問自答するという。

量産化（事業化）の段階にまで至るためにはどうすればよいのだろうか。オライリーらの研究によれば、量産化（スケーリング）においては三つのポイント（3C）を押さえる必要がある。顧客（Customer）、既存の経営資源（Capacity）、新しい組織能力（Capability）である（図3・17）。

図 3.16「技術で勝って、事業で負ける」

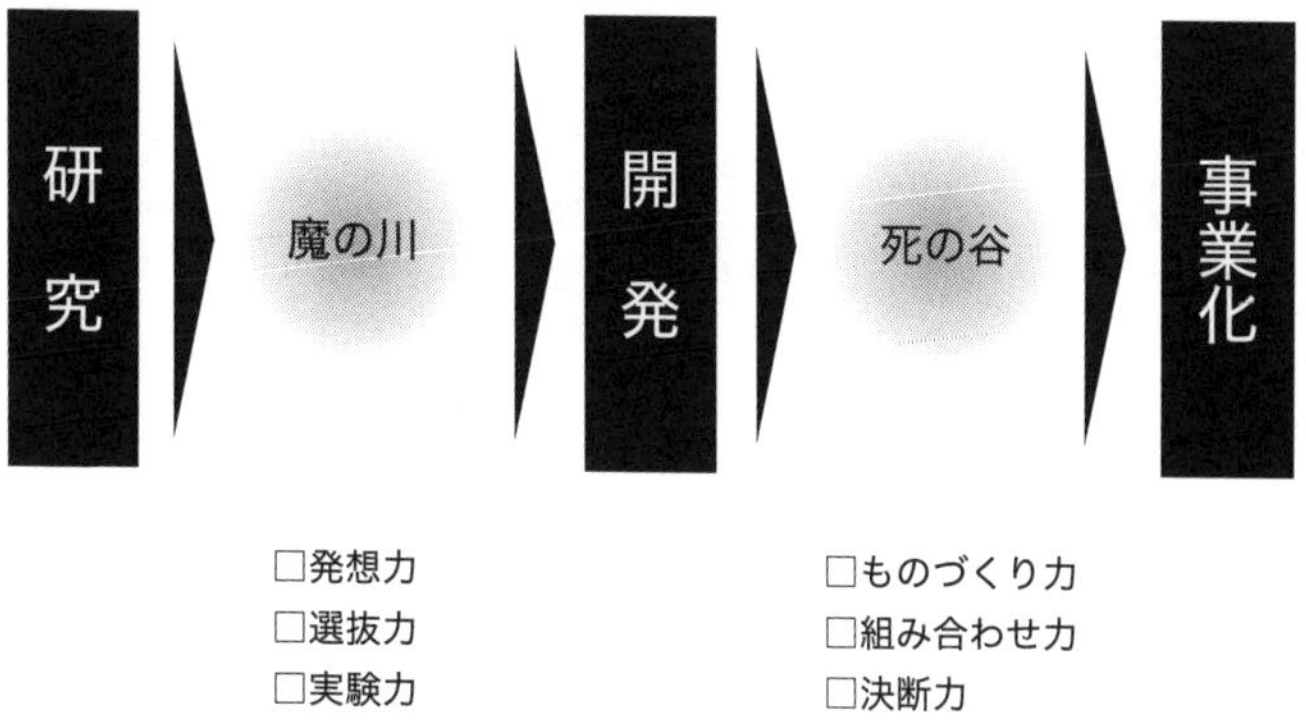

図 3.17 量産化（スケーリング）に必要な 3C

1. 顧客 (Customer)：顧客へのアクセス

2. 既存の経営資源（Capacity)：生産技術、生産設備、物流、サービス

3. 新しい組織能力（Capability)：人材、スキル、ノウハウ、カルチャー

顧客と組織能力が必要なのは当然として、注目すべきは「既存の経営資源」だ。既存の資産や組織能力を活用（レバレッジ）できるかどうかが、量産化（スケーリング）の成否を左右するのである。

AGCにおける既存事業と新規事業のつなぎ方

以上を踏まえて、もう少し詳細にAGCにおける統合のプロセスを見てみよう。「着想（アイディエーション）」「育成（インキュベーション）」「量産化（スケーリング）」の各フェーズの主な担い手を描いたのが**図3・18**である。注目してほしいのは事業開拓部（BDD）だ。この部隊が、事業のネタを選別し、事業として開拓し、量産化にむけての卒業までを担っているのだ。いわば探索事業の「球の出し手」である。さらに、既存事業の中にも事業開拓的なチームがあり、彼らが探索事業の「球の受け手」となっていることも重要だ。

たとえば、村野忠之氏が率いるモビリティ事業本部は、事業開拓部から出される自動車系の探索事業の球を受け取り、オートモーティブカンパニー内で事業化する部門である。

また、事業開拓部の責任者自身が事業のネタをもったまま既存事業に入っていくことも多いという。たとえば、高田氏の前任である倉田英之氏（現常務技術本部長）は自らライフサイエンス事業を立ち上げ、それは化学品カンパニーの中の一つの事業本部となった。

最近は新しいパターンも生まれている。既存事業側に受け手がない場合でも事業本部化するパターンだ。二〇一九年五月に作られたマルチマテリアル事業本部は、事業開拓部長の高田氏が本部長を兼任し、事業化を試みている。

当初、こうした統合のプロセスについて、私たちは「バトンリレー」のようなイメージを描いていた。しかし、インタビューを進めていくと、そのプロセスはよりコンカレント（同時開発）のプロセスのようだ。たとえば、初期の研究段階において、既に生産技術の専門家が、量産化を意識した検討をしているのだ。またカンパニー側も単に探索事業の球を待っているだけでなく、時に開発段階にも入り込んで、顧客の用途と自社技術をつなぐ機能開発を重視している。

図 3.18 既存事業と探索事業をつなぐ組織プロセス（AGC のケース）

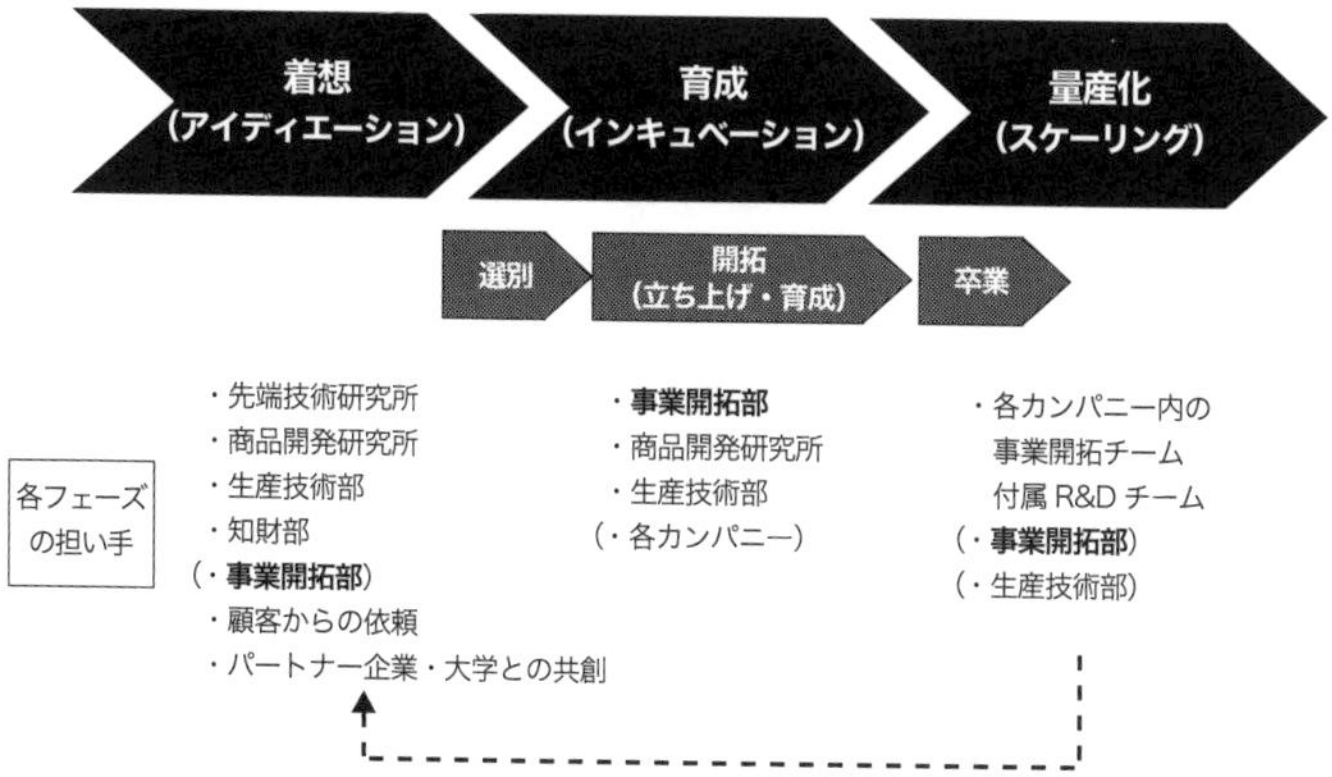

分離したものを統合（融合）するには、単に意識付けを行うだけではなく、現実的な仕掛けも必要だ。たとえば、既存事業のカンパニー側が探索事業の探索過程に協力したり（顧客ニーズのヒアリング、製造ラインの貸し出し等）、実際に探索事業を新規事業として引き受けるには、そのカンパニー側にとって何らかのメリットが必要だ。カンパニーはそれ自体が数値目標を持っている事業体だからだ。

AGCの場合、育成段階を経て卒業する事業をカンパニー側が引き受ける際には、さまざまな配慮がなされている。たとえば、本社コーポレート部門が一定期間はコストを負担するという仕掛けだ。いわば探索事業のハンディキャップを認めて、本社からの現場への「ミルク補給」をするイメージだ。経営チームがこうした細やかで現実的な配慮をするからこそ、分離した探索事業を既存事業に統合することができるのである。他社のケースではこうした仕掛けがないために、せっかく卒業した探索事業が自立できず、既存事業のお荷物になっている事例が散見される。

このように、既存事業と探索事業の感情的なテンション（緊張関係）への対処、探索事業の分離と統合（融合）など、両利きの経営には高度なバランス感覚が求められる。「AかBか」という単純な白黒思考ではなく、「AもBも」を追求する思考が必要だ。とりわけ経営者には、異なる特性の事業を束ねる「器と決断力」が求められる。既存事業と新規事業の間に生じる感情的なテンションを受け入れ、双方を納得させる器量が求められるのだ。ＡＧＣでは、長期の技術トレンドを平井ＣＴＯが見極め、宮地ＣＦＯが戦略の観点から事業ポテンシャルを評価し、島村ＣＥＯが全体のバランスを差配している構図がある。その結果、感情的なテンションやコンフリクトについて、探索事業側と既存事業側の両方をインタビューすると、どちらのサイドからも「まぁ、島村さんたちが言うなら仕様がない」というコメントが多かった。

次章では、経営者の役割にも目を向けながら、組織内のアラインメントを再構築するプロセスについて解説しよう。

第4章

組織はどのようにして変わるのか——アラインメントの再構築

前章では「両利きの経営」の本質とその実践上の課題について、「コングルエンス・モデル」の枠組みを踏まえた上で解説した。既存事業の維持（深掘り）と新規事業の創出（探索）を両立するために異なる組織能力を併存させることが「両利きの経営」であり、高度なバランス感覚が求められる経営手法といえる。ＡＧＣでは既存事業と新規事業を巧みに「分離しかつ統合する」工夫によってそのバランスをとっていることを紹介した。

だがもちろん、組織の進化は組織デザインの変更だけで実現するものではない。それは組織のアラインメント（ＫＳＦ・人材・公式の組織・組織カルチャーの四要素の整合）の再構築を必要とし、だからこそ困難な課題となる。本章では組織進化の全体像を意識しながら、アラインメント（結合）を再構築するためにＡＧＣで実際に何が行われたのかを見ていこう。

経営者の最大の役割は意志表示と価値判断

成熟した組織が次の段階へと進化するためには、経営者の役割が極めて重要だ。組織トップとしての意志表示に加えて、価値判断が決定的な鍵となる。[1] 現場で新しい取り組みを始めようにも、既存の業務に忙しく、新しいことには手が出せないのが多くの日本企業に見られる最近の実情だからだ。

トップの意志表示と価値判断と言うと、しばしば誤解する人がいるが、それは上意下達のトップダウン型の変革を意味しているのではない。トップと現場（ミドルや若手）の間の相互作用によって変革が進んでいくのが、実際の組織進化の過程である。

まず経営トップが変革に向けた意志を示し、変革期における自らの役割を担うことが出発点となる。初めに経営者の意志と具体的な行動があれば、それに呼応する形で変革への意志のある若手やミドルが現れる。彼らの具体的な取り組みが生まれ、それが大きな変化のうねりとなり、最後に経営トップが何らかの価値判断（決断）をすることになる。

つまり、**①トップの意志表示が契機となって、②トップダウンとミドルアップの絶妙な組み合わせが生まれ、③トップの価値判断によって組織の進化が可能となるのだ。**

しかし残念なことに、トップとミドルの間の相互作用がうまく働かない会社は少なくない。経営者が上意下達型のリーダーシップ・スタイルをとっていて現場の自律性が欠けているケースもあれば、トップとミドルが互いに「お見合い」をしているケースもある。私が組織内の人々にインタビューしてみると、「上は下が主体的に動かないと嘆き、下は上が方向性を示さないと不満を漏らす」という構図にたびたび遭遇するのだ。

組織の課題については特にその傾向が強いのかもしれない。私が『組織は変われるか』を上梓した際、たくさんの反響があり、上場会社を中心にさまざまな経営者と面談する機会をいただいた。「全社的な組織開発はトップから始まる」と書いたため、経営企画部や人事部の方が、トップに組織開発に興味を持ってもらおうと期待してアレンジしてくれたのだろう。しかし、その結果はざっくり「二勝五敗三引き分け」。つまり、実際にトップが動いたのは二割程度だった。半数近くの経営者は「下から提案があれば判断しますよ」という態度であり、組織の問題は社内研修を実施すれば十分と考え、人事担当役員に任せている様子だった。一方で人事部の方はトップが組織に関心を示さないことを壁と捉えていた。

そのような「お見合い」状態が生じる一因は、第1章でも触れた、組織が変わることについての共通イメージの不足にあるだろう。戦略と組織をバラバラに論じてしまうこともそれを助長する。それぞれに、それぞれの言い分がある。同じ組織の中にいても、「何に着目し、それをどう解釈しているか」が立場によって異なるのだ。その結果、組織の問題は「彼らの問題(Their Problem)」となってしまうのだ。しかし、組織の問題を解決するには、「私たちの問題(Our Problem)」という認識が不可欠だ。そうならない限り、いつまでたっても組織として問題に真正面から向き合うことがない。つまり、**組織の問題が解決しないのは、それが「上と下の共犯関係」によって存続しているからだ**とも言えるだろう。

どうすれば打開できるのか。まず必要となるのは、やはり経営者の意志表示である。「私たちはこういう会社になりたい」という意志表示だ。その上で、必要な場面場面で、うちはここで勝負する、うちはここに拘りたい、もうこれはやらなくても良い、といった価値判断を行うことだ。価値判断とは、損得計算による選択ではない。それは「存在目的（WHY）」に基づくものだ。「何を良しとするか？」という価値軸に基づく判断であり、たとえば、「うちらしいと思うか、思わないか」「好きか・嫌いか」というように、価値観に関する選択のことだ。**経営者の意志表示と実際の価値判断がセットになって、組織進化の方向が定まっていく。**海外のビジネススクールで経営者の意志決定を追体験するケース・メソッドが使用されるのも、経営者の最も基本的な役割がそこにあるからにほかならない。したがって、**経営者の発揮するリーダーシップとは、「会社の未来に対して明確な意志を示し、二律背反するテーマが浮上した際には自らの価値判断を迷わず行うこと」**と言えるだろう。

　経営者や経営幹部が自らの意志を示さず、価値判断を行わないまま、目標数値などの指標だけに頼って組織を運営しているようでは変革など不可能だ。下は上の意志を探るために、ひたすら膨大な説明資料作成に追われることとなる（いわゆる忖度だ）。経営者側から意志を示し、価値判断を下さなければならない。経営者の意志表示によって方向性が示され、続く価値判断によって経営者のストライク・ゾーン（何を良しとするか？）がはっきりしてくるからだ。他方でミドルには、「会社の未来は自分たちが担う」という、経営を「自分ごと化」する意識が不可欠だ。「上が言ってくれるならやれますよ」というような指示待ちの姿勢では変革を実行することなどできない。時折、「ウチの会社には、そんな経営者はいませんよ」と嘆くミドルに出会うことがある。そういうミドルにこそ言いたい。「俺たちがトップを動かす」という気概が必要なのだ。かつて日本企業ではミドルが組織の中を縦横無尽に動き回っていた時代があり、欧米の研究者からは「日本企業の強さはミドルアップ・ダウンにある」と称賛されていたのだ。経営者とミドル、それぞれが自らの意志を示し、価値判断をぶつけ合うこと。その相互作用こそが組織変革を進める力になるのだ。

組織進化のビッグ・ピクチャー（WHY・WHAT・HOW）

それでは、経営者はまず何について意志を示せばよいのだろうか。

第1章で触れた、組織経営の全体像を思い出していただきたい（21頁、**図1・1**）。企業の存在目的（何のために＝WHY）のために、戦略（何をするのか＝WHAT）があり、その実行のために組織（どうやってするのか＝HOW）がある。このトライアングルが組織進化のビッグ・ピクチャーとなる。その出発点である存在目的（WHY）を自らの言葉で語ることが、まず何よりもトップに求められる意志表示と言えるだろう（特に最近の若手層はその言葉を待っている。膨大な転職情報を横目でみながら、自分がこの組織で働いている意味・ここにいる意味を確認したいのだから）。

トップが示した企業の存在目的に従って戦略（ＷＨＡＴ）と組織（ＨＯＷ）の目指す姿を描き、そこで求められる組織能力を生み出せるように組織の基本四要素である「ＫＳＦ」「人材」「公式の組織」「組織カルチャー」のアラインメント（結合）を再構築する。概念的にいえば、これが組織進化に必要なことだ。そして多くの場合、再構築のプロセスはトップと現場（ミドルや若手）の間の相互作用によって進んでいく。

アラインメントの再構築については、それが単に新しいアラインメントの形成だけを意味するわけではないことに注意してほしい。前章で説明したように、組織内のアラインメントは長い間機能する中で「慣性の力」を生み出し、それがしばしば変革の障害となる。組織進化にあたっては既存のアラインメントを壊すことも必要となるのだ。それは新しいアラインメントをゼロから作ること以上に難しい課題となり得る。だからこそ、経営者の価値判断（例：これを始めるために、あれは止めよう）が必要となるのだ。

また一方で、既存のアラインメントの修復（再調整）が必要となることもある。残念ながら多くの日本企業の従業員エンゲージメントは諸外国の企業に比べて低いと言われている。(2) 組織に閉塞感を覚え、不満を抱えている社員、仕事に意欲を持てない社員が大勢いるかもしれない。人事評価制度や成果指標などの仕組みが古くなり、実状に適していないかもしれない。現在のアラインメントが既に機能不全に陥っている場合があるのだ。その場合、新たなアラインメントを形成する以前に、まず既存のアラインメントを修復することが必要かもしれない。

「両利きの経営」の実践においては、既存事業（深掘り）に適したアラインメントと新規事業（探索）に適したアラインメントを併存させなければならない。新たなアラインメントを作るだけでなく、既存のアラインメントを改めて整える必要がある場合もあるだろう。実際、ＡＧＣにおいてはこの両方の取り組みが行われていた。以下でその内容を見ていこう。

組織進化のＷＨＹ――トップの意志表明と「ＡＧＣ ｐｌｕｓ」

島村琢哉氏はＡＧＣ（当時は旭硝子）のＣＥＯに就任する前、同社の経営者としては異例の行動をとっている。二〇一四年一一月、翌年一月からのトップ人事が発表された直後、自分の信条や社員への想いを記したメールを全社員に送ったのだ。

就任前にメッセージを配信するのも異例だったが、文面を経営企画スタッフに下書きさせず自分の言葉で記すのも異例のことだった。島村氏が全社員に伝えたのは自らのリーダー観である。いま求められるのは「人の心に灯をともすリーダー」だと彼は記した。従来求められがちだったカリスマ型のリーダーではなく、人を勇気づけ励ます支援型のリーダーという意味だ。アメリカの教育学者ウィリアム・アーサー・ウォードの言葉「普通の教師はしゃべる。少しましな教師は教えようとする。優れた教師は自分でやってみせる。偉大な教師は人の心に灯をともす」に感銘を受けた島村氏が、会社経営に通じるものとしてアレンジしたフレーズである。

島村氏がCEO就任に先立って全社員に対して行ったのは、大上段から会社の目標を語ることではなく、勇ましい号令をかけることでもなく、まず自分自身の目指すリーダー像、経営者としてのあり方（Being）を語ることだったのだ。それは当時の、閉塞感があった社員の心に確かに響いたのだろう。「人の心に灯をともす」という言葉はその後も社内で語り継がれ、さまざまな場面で変革を象徴する言葉になっている。

こうして二〇一五年一月にCEOに就任した島村氏は、会社の存在目的（WHY）を改めて問い直し、新たな経営方針を策定した。組織変革のスタートである。

経営方針の策定という作業についても、従来は外部のコンサルティング・ファームを起用して行うことが多かったが、島村氏は自ら経営方針を考え、「AGC plus」というコンセプトを提示した。

私たちAGCグループは、
世の中に「安心・安全・快適」を
お客様・お取引先様に「新たな価値・機能」と「信頼」を
従業員に「働く喜び」を
投資家の皆様に「企業価値」を　プラスする。

これは素材メーカーとして独自の価値を付加することを自らの使命として掲げるものだ。当時の発表資料にはこうある。「AGCグループは、新経営方針AGC plusの下、すべてのステークホルダーに価値をプラスすることにより、業績の回復と持続的な成長を目指します」顧客企業のニーズに応える中でイノベーションを生み出す、という行動パターンは、まさしくAGC plusという経営方針に一致している。それは、協業先である各業界のリーディング・プレーヤーから「まず最初に声のかかる会社となる」ということだ。平井CTOは「AGCは自らがイノベーションを起こす会社というより、顧客のイノベーションを加速する製品や素材をつくる会社だと思う」と語っている。後に作成されたAGCのブランド・ステートメント「Your Dreams, Our Challenge」は、そんな同社のあり方を表している。

新経営方針「AGC plus」は、メリハリの利いた経営資源配分、成長分野への集中投資といった方策と財務的な目標とともに、同年二月六日に公表された。島村氏のCEO就任から約一カ月後のことだ。それはやがて「AGCは素材加工会社ではなく、素材開発会社である」「我々はユニークな素材によるソリューション提供会社である」といった共通認識を生み、新たな組織アイデンティティを育んでいった。

このように、AGCの変革はトップが自らの意志表明をし、会社の存在目的を再定義することから始まったのである。

組織進化のWHAT――ミドルによる「ありたい姿」の策定

次に着手されたのが、中長期的な戦略の立案である。ここでも島村CEOは過去にない手を打つ。今後一〇年間の成長戦略の立案を二〇人のミドルに託したのだ。主に四〇代の次世代経営幹部である。彼らは一〇人ずつ二チームに分かれ、それぞれ議論を重ねて経営陣への提言をまとめることになった。ここでも社外のコンサルタントは使わず社内のメンバーに委ねた理由を島村氏はこう語っている。

「ビジョンは実際にその実現を担う人たちに考えてもらうのが一番だと思ったからですよ」

当事者にとって納得感のある計画にすること、当事者意識を持ってもらうことを意図したのだ。実際、プロジェクトに参加したメンバーは、「今やっている仕事はあのとき自分で提言したことですから。やらざるを得ないですよね」と笑顔で語っている。

二チームが競い合ってまとめた提言に経営チームが独自の検討を加えて、二〇一六年二月、AGCグループ長期戦略として「二〇二五年のありたい姿」が策定された。戦略論で語られがちな「あるべき姿」ではなく「ありたい姿」であることに注目したい。外部の戦略コンサルタントによる「あるべき論」ではなく、当事者たちが描いた自らの「ありたい姿」なのだ。

「二〇二五年のありたい姿」は、簡潔に以下の文章で表現される。

「コア事業が確固たる収益基盤となり、戦略事業が成長エンジンとして一層の収益拡大を牽引する、高収益のグローバルな優良素材メーカーでありたい」

コア事業、すなわち建築用ガラスや自動車用ガラス、化学品、ディスプレイなどについては、「ポートフォリオ経営の徹底による長期安定的な収益基盤を構築」を基本戦略とし、メリハリのある資源配分やM&A、アジアでの事業拡大などによる成長を掲げた。一方の戦略事業については、「高付加価値のビジネスの拡大による高収益事業の確立」を基本戦略とし、モビリティ、エレクトロニクス、ライフサイエンスの三領域をターゲットとして、より付加価値の高いソリューションを提供する、としている。

ここでのポイントは、①AGCの存在目的（WHY）を明確にし、②目指す理想の姿を描き出し、③コア事業と戦略事業を切り分けたことにある。つまり、「二〇二五年のありたい姿」を通じて、AGCの経営チームが、「何のために（WHY）」と「何をやるか（WHAT）」について意志表示し、さらに重要な価値判断をしたのだ。トップとミドルの相互作用による組織進化の一例と言えるだろう。

この結果、たとえば、これまでの稼ぎ頭であったディスプレイ事業は、無理に成長を追い求める必要はなくなり、安定的なキャッシュフローを生み出す事業として再定義された。これがディスプレイ事業に携わってきた経営幹部はじめ社内に大きな衝撃をもたらしたのは言うまでもない。

なお、興味深い点は、ここではコア事業と戦略事業が分けられているものの、策定した時点では当事者の誰一人、「両利きの経営」を意識していたのではないという事実だ。自分たちの頭で悩み、考えた末の結果が、既存事業の「深掘り」と新しい事業機会の「探索」を併存させる「両利きの経営」の内容に合致していたのである。

組織進化のHOW――変革を実行する経営体制

「何のために（WHY）」「何をやるか（WHAT）」に続く問いは、「どうやるか（HOW）」である。戦略（WHAT）と車の両輪をなす組織（HOW）のあり方を考えなければならない。AGCの組織内のアラインメントについて見ていく前に、前章でも少し触れた組織デザイン上の特徴を確認しておこう。

「二〇二五年のありたい姿」においては、戦略三事業（モビリティ、エレクトロニクス、ライフサイエンス）の特定に併せて三〇〇〇億円の戦略投資枠が設定された。そして具体的な打ち手を考えるため、異なる分野のメンバーが集められ、新たに戦略事業推進のタスクフォースが立ち上がった。

タスクフォース内で戦略事業の具体的なビジネスプランが検討されたが、そこで重視されたのは、戦略事業を実現するために「既存コア事業の資産や組織能力をどれだけ活用できるか」だった。既存事業の資産・組織能力の活用が事業の量産化（スケーリング）に必須の要素であることは前章で記したとおりだ。タスクフォースがこの視点を持って検討したことによって、既存事業と新規事業の効果的な「統合」が可能となったのである。

既存のコア事業で対応しきれないビジネスプランについては、M&A等によって新たな能力を獲得しなければならない。タスクフォースのメンバーは検討を通してターゲットとなるM&A案件をリスト化し、その後、実際に一部が実行され、新たにライフサイエンス事業本部が立ち上がった。また既存事業である自動車ガラスの分野でも、オートモーティブカンパニー内に新たにモビリティ事業本部が創設された。二〇一九年五月には、どのカンパニーにも所属しないという新しい形で、マルチマテリアル事業本部が新設されている。

AGCの組織デザイン上の要となっているのが、経営チーム（島村CEO、平井CTO、宮地CFO）の存在だ。社内では「トップ3」と呼ばれているが、そのような呼称は島村CEOの時代になって初めて生まれた呼び方だ（それまではトップは一人しかいなかった）。島村CE

Oは、就任当初から「ワン・チーム」という表現をよく使う。異なる事業の集合体であるAGCであるからこそ、顧客に付加価値を提供するにはワン・チームとなって品揃えを充実させる必要があると考えているからだ。島村CEOは社員に向かってワン・チームを唱えるだけでなく、自らの経営チーム自体がワン・チームであることを大切にしているのだ。インタビューした幹部社員はこう語っていた。「重要な情報はトップ3の誰かにインプットしておけば、その情報はいつの間にか三人の中で共有されているのですよね。多忙な三人がどうやってコミュニケーションをとる時間を作っているのか不思議です」。多くの日本企業では、事務局が各役員に説明して回ることが一般的ではないだろうか。

さらにAGCの組織デザイン上の特徴として挙げておきたいのが、経営チームと四人のカンパニー・プレジデントの関係である。AGCは社内疑似カンパニー制をとっており、事業運営の実際的な指揮をとるのは各カンパニー・プレジデントだ。いわば、短中期的な経営課題はカンパニー・プレジデントが担い、中長期的な経営課題を経営チームが担うという役割分担がなされている。いわば同心円状に二種類の経営チームが構成されているイメージだ（**図4・1**）。経営チームと四人のカンパニー・プレジデントは社内では「キャビネット（内閣）」と呼ばれ、一つのチームとして認識されている。

AGCの経営チームが組織カルチャーという（多くの企業経営者があまり関心を示さない）長期的なテーマに深く関わることができているのは、この経営体制に一つの要因があるのではないかと考えている。また、既存事業のヘッドに「事業本部長」や「カンパニー長」ではなく「カンパニー・プレジデント」という名称をとっていることも、一見些細なことのようだが重要かもしれない。プレジデントという言葉が、通常業務の決裁は自分のところで責任を持つという印象を本人にも部下にも与えているようなのだ。

宮地CFOに、なぜAGCは他社のようなホールディングス制（持株会社制）をとらないのかと尋ねたことがある。「ホールディングス制にすると、ホールディングス側と各事業側に見えない壁が生まれてしまうでしょう」と彼は答えた。「経営チームとカンパニー・プレジデントの曖昧で微妙な緊張関係が良いと思っています」

もちろん一つの正解はなく、個々の会社によって最適な経営体制は異なるだろうが、AGCの経営チームにおける役割分担のあり方は、変革を実行する経営体

図4.1 AGCの経営チーム

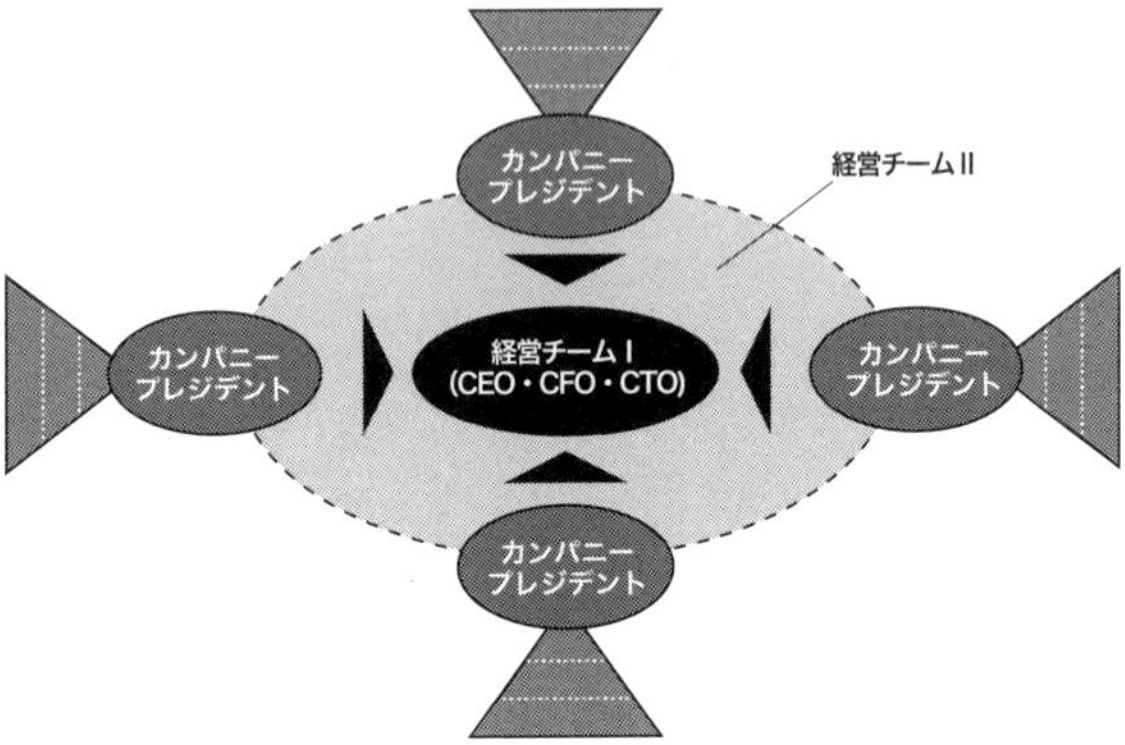

制を考える上でヒントになるのではないだろうか。

異なる二つのアラインメントを追求する

以上のように、ＡＧＣでは新たな変革実行に向けた経営体制が整えられた。だが、組織は形式を整えただけで動くものではない。前章で見たコングルエンス・モデルを思い出してほしい。組織が実際に機能し、その能力を十分に発揮するためには、組織の基本四要素である「ＫＳＦ（成功の鍵）」「人材」「公式の組織（構造・制度）」「組織カルチャー」のアラインメント（結合）がとれていなければならないし、それらの背景にある「経営のリーダーシップ」「戦略」と適合していなければならない。新たな事業には新たなアラインメントが求められるし、既存事業を担う組織が疲弊しているなら既存のアラインメントを修復する必要もある。旧来のアラインメントは「慣性の力」を生んで、しばしば変化の妨げにもなる。

ＡＧＣにおいて組織アラインメントの再構築がどのように行われたかを見ていこう。

まず、既存コア事業（深掘り）と新たな戦略事業（探索）それぞれにおいて、どのようなアラインメントが適しているのかを整理したい。

既存コア事業における組織アラインメント

建築用ガラス、自動車用ガラス、化学品、ディスプレイなどの既存コア事業は、従来型のものづくり事業であり、基本的には「高品質×量の確保×低マージン」を特徴とする。こうした事業に適合したアラインメントは、一般に以下のようになる（**図4・2**）。これは日本の多くの製造業企業にも共通するだろう。

- **リーダーシップ**……経営陣からのトップダウンと中堅層からのミドルアップのハイブリッド型が理想的。合意と納得性をベースにした、長期的な視点が望まれる。
- **戦略**……基本的には売上規模の拡大を追求する。顧客との信頼関係をベースにした、ローコスト・大規模生産が基本目標となる。
- **ＫＳＦ（成功の鍵）**……オペレーショナル・エクセレンス。生産オペレーションの効率性、コスト削減力、信頼を生む高品質と納期の厳守、継続的な改善能力。
- **人材**……専門知識と経験をもった現場力のある人材。指示命令によく従い、上司へのホウレンソウを欠かさない人物。
- **公式の組織（構造・制度・手順）**……基本的にＰＤＣＡサイクル。短期目標が明確に設定され、仕事の手順は標準化されている。また長期雇用を前提に、わかりやすく確実な評価昇進の制度が整えられ、指示命令を確実にやり遂げる人物が最も評価される。

図 4.2 既存コア事業における組織アラインメント

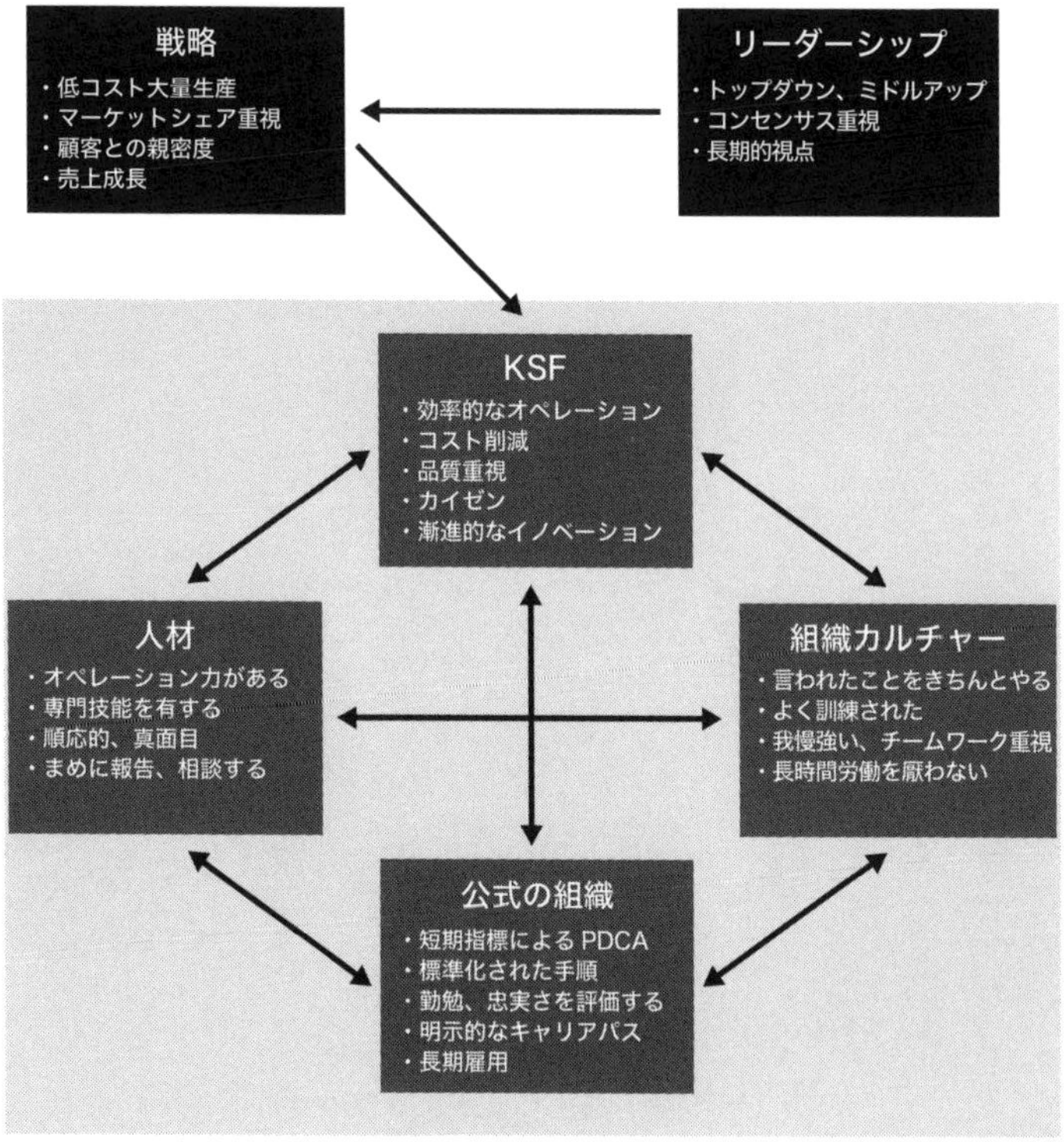
戦略
・低コスト大量生産
・マーケットシェア重視
・顧客との親密度
・売上成長
リーダーシップ
・トップダウン、ミドルアップ
・コンセンサス重視
・長期的視点
KSF
・効率的なオペレーション
・コスト削減
・品質重視
・カイゼン
・漸進的なイノベーション
人材
・オペレーション力がある
・専門技能を有する
・順応的、真面目
・まめに報告、相談する
組織カルチャー
・言われたことをきちんとやる
・よく訓練された
・我慢強い、チームワーク重視
・長時間労働を厭わない
公式の組織
・短期指標によるPDCA
・標準化された手順
・勤勉、忠実さを評価する
・明示的なキャリアパス
・長期雇用

・組織カルチャー……規律、勤勉、あきらめない態度（粘り）が大切。長時間労働を厭わず、コンセンサスと納得性を重視した仕事のやり方が良しとされる。

AGCでは昔からこうしたアラインメントが築かれてはいたものの、島村CEOの前任である石村和彦氏（現会長）がCEOを務めた期間は、史上最高益から四期連続の減益となったことを受け、業績立て直しのために強いトップダウン型のリーダーシップがとられた。業績の下降局面ではやむをえないことだったが、判断をトップに依存する傾向が強まるという負の側面もあった。上意下達のカルチャーは従業員の自主性と納得性を損なう面がある。業績悪化とコスト・カットが続く中では士気も下がりがちで、閉塞感も広がっていたようだ。新経営陣は、そうした状況を打開し、傷んだアラインメントを修復する必要があったのだ。

新規の戦略事業における組織アラインメント

では、戦略事業を実現するには、新たにどのような組織アラインメントを形成する必要があるのだろうか。モビリティ、エレクトロニクス、ライフサイエンスの三領域をターゲットとしたAGCの戦略事業は高付加価値の高収益事業とすることを意図しており、それに適合したアラインメントは、既存コア事業におけるアラインメントとは大きく異なり、以下のようなものとなる（**図4・3**）。

図 4.3 新規事業における組織アラインメント

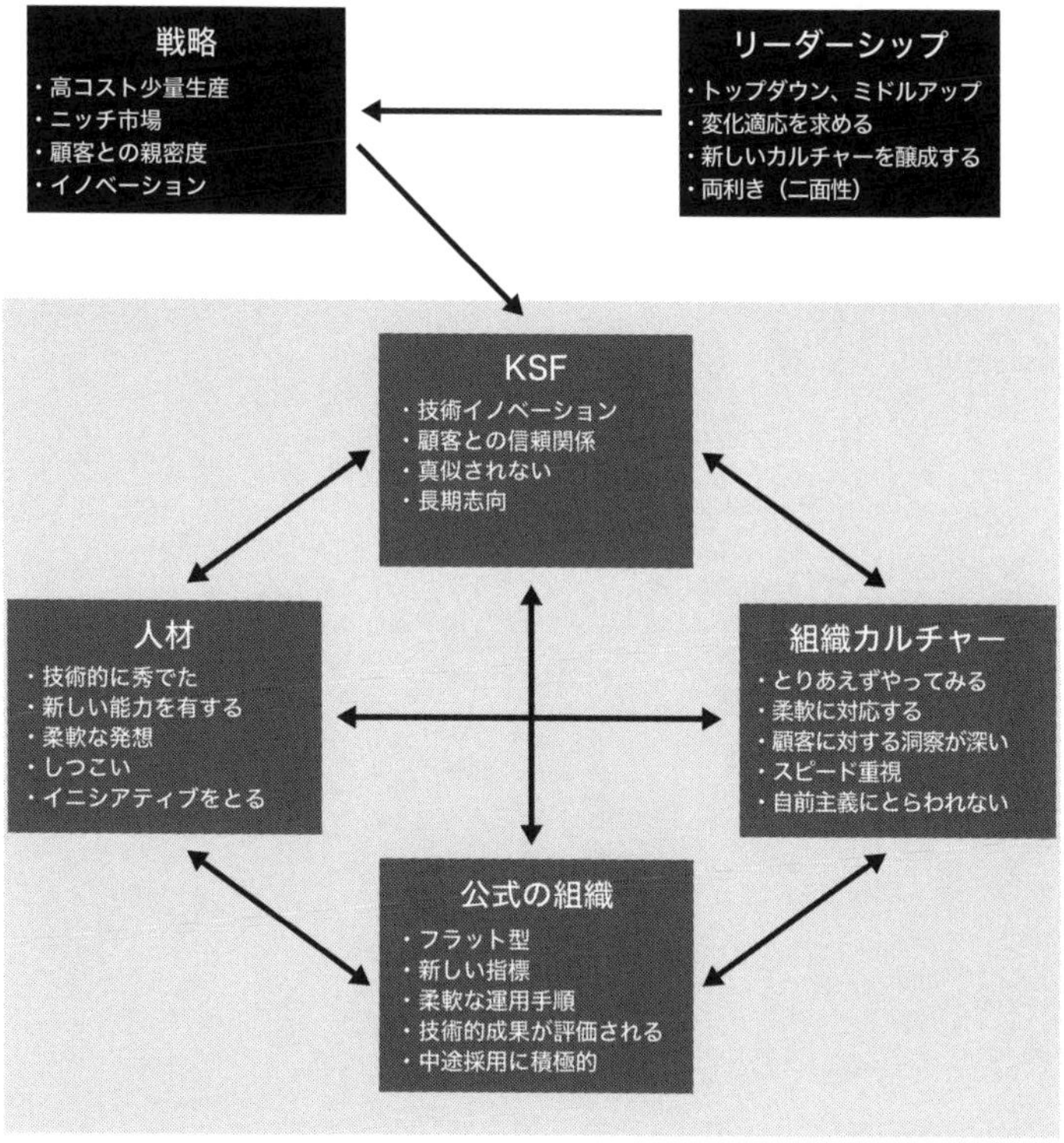
戦略
・高コスト少量生産
・ニッチ市場
・顧客との親密度
・イノベーション
リーダーシップ
・トップダウン、ミドルアップ
・変化適応を求める
・新しいカルチャーを醸成する
・両利き（二面性）
KSF
・技術イノベーション
・顧客との信頼関係
・真似されない
・長期志向
人材
・技術的に秀でた
・新しい能力を有する
・柔軟な発想
・しつこい
・イニシアティブをとる
組織カルチャー
・とりあえずやってみる
・柔軟に対応する
・顧客に対する洞察が深い
・スピード重視
・自前主義にとらわれない
公式の組織
・フラット型
・新しい指標
・柔軟な運用手順
・技術的成果が評価される
・中途採用に積極的

- **リーダーシップ**……トップダウンとミドルアップのハイブリッド型のスタイル。新しい領域に進出するためには、トップ自らが変化を推奨し、新しい組織カルチャーの形成に前向きである必要がある。また時間軸の異なる既存事業と新規事業を両立させるためには、臨機応変なリーダーシップが求められる。たとえば、足元の収益を稼ぎ出さなければならない既存事業に対しては正確・確実な業務遂行を求める一方、一〇年先を見据えた新規事業には「失敗を恐れるな」と激励しチャレンジを促す、という矛盾を抱えなければならない。
- **戦略**……顧客との親密さをベースに、顧客と共にイノベーションを起こすのが基本方針(Your Dreams, Our Challenge)。そのためには、顧客から最初に声をかけられる存在でなければならない。ニッチマーケットにおける少量生産・高コスト構造を可能とする高収益を目指す戦略である。
- **KSF(成功の鍵)**……長期の時間軸で、競合に真似されにくい、技術的なイノベーションを起こす力。それは顧客との親密な関係を構築できる力に支えられる。
- **人材**……技術的な専門性を有しつつ、果敢に粘り強く新しいことに取り組む人材。言われたことを確実にこなすのではなく、上司による課題設定さえ疑い、目的のためにはフレキシブルなアプローチがとれる人材。
- **公式の組織(構造・制度・手順)**……できる限りフラットな組織で、迅速な意思決定ができきる組織。また年次よりも実績を評価し、新しい取り組みを評価する。キャリア採用も積極的に行う。個人の評価だけでなく事業の評価にも、従来型のＰＤＣＡとは異なる評価尺度が必要。

- **組織カルチャー**……イノベーションとスピードを重視し、フレキシブルに、新しい試みを歓迎する。失敗を回避するのではなく、やってみることを良しとする。また自社の視点だけではなく、市場・顧客の視点に対する洞察を大切にする。たとえば、自社の技術に執着せず、顧客の用途機能開発のためには他社との協働も厭わないなど、自前主義にとらわれない姿勢をとる。

こうしたアラインメントはＡＧＣに長く勤めてきた人々にとっては馴染みのないものであり、それを新たに形成するのは容易ではない。島村ＣＥＯをはじめとする経営チームは、特にリーダーシップ、人材、組織カルチャーの要素について集中的に取り組むことになった。

アラインメント再構築に向けた一〇の施策

私たちの調査研究から、ＡＧＣの経営チームは組織アラインメント（結合）を再構築するために、三つの領域で精力的な取り組みをしていることが明らかになった。

- **既存事業のアラインメントを修復する（主に既存の組織カルチャーを見直す）**
- **探索事業における新しいアラインメントを形成する**
- **同じ企業内に異なるアラインメントが併存できるようにする**

では、具体的にAGCの経営チームは何をしたのだろうか。さまざまな取り組みがあるが、中でも特徴的な一〇の施策を紹介しよう。中には既に触れた施策もあるが、アラインメントの再構築という観点から整理する。

①経営トップから全従業員へのダイレクト・メール

島村氏はCEO就任が決まった直後、自分の信条や想いを述べたメールを全社員宛に配信した。「人の心に灯をともすリーダー」という自身の目指すリーダーシップ・スタイルを伝えるとともに、経営トップが従業員と直接コミュニケーションをとることにより、組織カルチャーを変えていこうという意志を示したと見ることができる。

また、年始の挨拶の際に島村CEOは執行役員全員に「リーダーの悪癖二〇」を記した紙を配布した。GEの伝説的な経営者ジャック・ウェルチのエグゼクティブ・コーチだったとされるマーシャル・ゴールドスミスが作成したリストだ。(3) そこには「『いや』『しかし』『でも』で話し始める」「情報を共有しない」「責任を転嫁する」「過去に固執する」「耳を貸さない」「感謝の気持ちを示さない」といった言葉が並んでいた。役員に対し、自分のリーダーシップ・スタイルを役員自らが謙虚に振り返ってほしいとのメッセージを送ったのである。

②ミドルによる長期戦略ビジョン策定

次世代の経営幹部と目される二〇人のミドルに長期戦略の立案を任せ、そこに経営チームによる検討を加えて「二〇二五年のありたい姿」をまとめた。トップダウンとミドルアップの組み合わせによって会社の方向性を定めたのであり、新経営チームのリーダーシップ・スタイルを象徴する取り組みと言えるだろう。実行を担う当事者に戦略立案を委ねた点には、経営チームが戦略と実行（組織の四要素）のつながりを円滑にするという明確な意図があった。

③戦略推進タスクフォースの設置

先述した戦略推進タスクフォースの設置と戦略投資枠（三〇〇〇億円）の設定は、「二〇二五年のありたい姿」で示されたビジョンを実行過程に落とし込む施策である。当事者によるビジネスプランの詳細な作りこみと具体的な三〇〇〇億円という投資金額の設定によって、「ありたい姿」の実現に対する経営陣の本気度が社員に伝わった。コングルエンス・モデルに照らせば、「戦略」と「ＫＳＦ」の適合性（フィット）が確保されたとみることができる。

④幹部を集めた対話集会

島村氏のＣＥＯ就任後初の株主総会の翌日、本社部長以上の約一〇〇名の幹部を集めた集会を開催した。従来行われてきたトップによる訓話という形式ではなく、島村ＣＥＯ自ら経営方針についての質問に答えることをメインにした内容である。「対話集会」と名付けられたこの集会はその後、定例化されている。

⑤若手や各拠点社員との対話集会

経営幹部だけでなく、若手社員と経営チームが直接対話するイベントを定期的に開催している。その運営を担っているのは、若手社員のボランティアだ。最近では、若手有志が経営チームを招待した対話合宿も行われている。私もオブザーブする機会があったが、ある工場に勤務する若手社員からは、「こうした対話はまだまだ本社中心に偏ってませんか。生産の現場でも、上と下で対話の出来る環境を作りたいのです」というような率直な意見も出されていた。本音が行き交う対話の場だ。また国内・海外の各拠点にも島村ＣＥＯが自ら足を運び、現場社員と直接対話する集会を頻繁に行っており、その回数は就任から四年で一三〇回に及ぶという。

⑥全社イベントの復活

長らく実施していなかった社内の運動会を復活させた。といっても昔ながらのやり方ではなく、現在の社員の志向や状況に合わせた工夫がなされている。二〇一八年九月に行った全社スポーツイベント「Aフェス」では、社員が自分の子どもと一緒に楽しめる競技や、社員の家族にもAGCについて知ってもらえるよう事業内容に関連したプログラムが設けられた。「社員の団結力を高める」といった昔ながらの趣旨とは異なり、「役職を気にせず交流できる」「家族と一緒に楽しめる」ことを志向した全社イベントは、目指す組織カルチャーの形成や従業員のエンゲージメント向上につながっている。

⑦新規事業提案イベント「ゴングショー」

若手研究者の離職問題に対応する取り組みとして、若手研究者による新規事業提案イベント「ゴングショー」が開催されてきた。意欲のある若手研究者が、社内に活躍の場を見出せず転職してしまう例が増えていたのである。「ゴングショー」はいわゆるピッチ・イベントで、若手が自分の考えた新規事業アイデアを発表し、経営幹部らがその場で審査・承認するという取り組みだ。「音の出るガラス」という新商品はここから生まれた。このイベントが契機となって若手有志による自主活動が始まったりもしている。

⑧買収先人材の活用・キャリア採用の強化

新たな戦略事業が機能するには（つまり戦略事業に必要なアラインメントを形成するには）、既存の人材だけでは不十分と考えられたため、買収先人材を積極的に活用している。たとえばライフサイエンス事業では、買収した海外企業のトップの下に日本のオペレーションを集約し、国内外の事業運営を実質的に任せている。また、外部からのキャリア採用も活発に行われた。二〇一九年にはキャリア採用による採用人数は新卒とほぼ同数にまで達している。

⑨幹部対話合宿

島村氏のCEO就任後の二年目後半から三年目にかけて、経営トップ（島村CEO、宮地CFO）と全カンパニーとコーポレート部門の幹部（部長層～プレジデント）との対話合宿（一泊二日）を連続的に行った。目的は、幹部層の意識改革だ。幹部層のマインドセットと組織カルチャーのシフトを加速させるべく、経営トップとの直接対話を通じて各カンパニー・本社コーポレート部門が向き合うべき課題（「適応課題」、第5章参照）を明らかにし、取り組みを支援したのである（外部ファシリテーターとして加藤を起用）。

これは決して簡単なことではない。AGCは一一〇年の歴史をもつ大企業だ。これまでのやり方に強いこだわりやプライドを持つ人もいる。過去四年間の減収減益で特に厳しい仕事に従事してきた者には複雑な思いもある。一部の幹部・中堅層には、露骨に反発はしないものの、新経営陣の取り組みを冷ややかに見る者もいた。「急に対話だなんて言われても……こちらはそれどころじゃないんだ」「そんな生ぬるいやり方でいいのか?」「まずはお手並み拝見だな」。

そんな心の声を察していた島村CEO・宮地CFOは、合宿で粘り強く彼らの話に耳を傾けた。新しい経営スタイルに対する戸惑いの声も本音で語られたが、島村CEOらはそれを批判と捉えて防御的に反応することなく、いったんはすべてを受けとめるという姿勢を堅持していた。島村CEOは当時こう語っていた。「昔のような自由闊達な会社のカルチャーに戻すには一〇年かかると思っている。対話の成果を焦らなくてもいいんだ」。こうした経営陣の姿勢が、対話合宿を率直な意見表明の場として成り立たせ、参加した幹部にとって納得性のあるものにしたと言えるだろう。

⑩役職者人事制度の改定と人事断行

二〇一六年一一月には「人財で勝つ会社」を目指して役職者人事制度が大幅に改定された。詳細は記さないが、「多様な人財」が「ワン・チーム」となって果敢に「チャレンジ」することを評価するものだ。かなり幅を持たせた賃金体系に変更している。戦略事業にも適応できるように、人事制度が整えられたのである。

また、先述の幹部合宿において自らの目で経営幹部らの状態を確認した経営チームは、合宿後の定期人事異動で、必要な組織の組み換えと幹部人事を行った。長年ある事業をリードしてきた幹部を交代させるなど、非常にセンシティブな異動もあった。人事断行は経営チームの本気度が伝わり、経営幹部のマインドセットのシフトにも大いに影響したに違いない。ドラッカーの言うように、「人事は経営からの最高のメッセージ」なのである。

トップとミドルの相互作用で組織は変わる

ここまでに見てきた施策によって、ＡＧＣでは既存コア事業におけるアラインメントを回復させるとともに、新規の戦略事業におけるアラインメントが形成されてきた。個々の施策がどちらのアラインメントのどの要素に寄与したかを厳密に分類することはできないが、それぞれについて特に関連性の強い要素を挙げると次のようになるだろう。

①ダイレクト・メール：リーダーシップ、組織カルチャー（既存・新規）
②ミドルが長期戦略策定：リーダーシップ、戦略、組織カルチャー（既存・新規）
③戦略タスクフォース：戦略、ＫＳＦ（新規）
④総会後の対話集会：リーダーシップ、組織カルチャー（既存・新規）
⑤若手や各拠点社員との対話集会：リーダーシップ、組織カルチャー（既存・新規）

⑥全社イベント：組織カルチャー（既存・新規）
⑦ゴングショー：人材、組織カルチャー（既存・新規）
⑧買収先人材の活用・キャリア採用の強化：人材（新規）
⑨幹部対話合宿：リーダーシップ、組織カルチャー（既存）
⑩役職者人事制度改定・人事断行：人材、公式の組織、組織カルチャー（既存・新規）

こうしてみると「組織カルチャー」に関連する施策が多いことがわかるだろう。オライリーはアラインメントを変容させるのに鍵となるのは組織カルチャーだと強調する。ＡＧＣの経営チームはそこに非常に力を入れてきたのだ。

もう一つ取り組みが集中しているのが「リーダーシップ」の要素だ。前任者の時代にはトップダウン型に偏っていたリーダーシップ・スタイルを改め、島村ＣＥＯは平井ＣＴＯと宮地ＣＦＯの三人で経営チーム体制（ワン・チーム）を構築した。そして、トップダウンとボトムアップのハイブリッド型のリーダーシップ・スタイルを明確に示し、徹底してきた。

これは新たな組織カルチャーを生み出す上できわめて重要なポイントだ。トップ一人が価値観を語るだけではカルチャーは変わらない。変わるとしても時間がかかるだろう。カルチャーが変わるには、トップ以外の組織の構成員、特にミドル層の人々が、トップのシグナルに呼応して自ら動きださなければならない。トップのリーダーシップの実現は、ミドルのフォロワー

シップに支えられているのである。(4)

全社イベントの開催、社内研修の実施、対話会・幹部合宿の開催といった施策は、いわゆる組織開発の取り組みとして一般的にも行われている。しかし、組織カルチャーとは突き詰めればその組織における「仕事のやり方」だ。イベントや対話だけで組織カルチャーが変わると安易に期待してはならない。リストラ等に迫られた緊急時ではなく平時であればなおさらだ。新しい仕事のやり方・進め方レベルに落として、具体的な形として見せる必要がある。たとえば島村CEOは、「バッド・ニュース・ファースト」という仕事のやり方をよく強調している。悪い情報に対して叱責するのではなく、受け止め感謝するのだ。また直近の若手の対話合宿では、先輩社員が若手社員に対して、「俺たちの具体的な事例こそがカルチャーを作るのだ」と熱く語っていた。トップが方向性を指し示し、ミドルが具体的な事例を作ることで、初めて新たなカルチャーが生まれるのだ。

AGCの「両利き度」を点検する

ここでオライリーが提唱する両利き組織の特徴を整理しておこう。オライリーは両利き組織の特徴として、四つを挙げている（**図4・4**）。これらの観点から、AGCの「両利き度」を再確認しておきたい。
①と②は、組織構造（組織デザイン）に関する特徴である。それは「分離しつつ、統合する」というものだ。AGCでは組織構造としてコア事業と戦略事業に分離する一方で、同時に事業開拓部（BDD）が中心となって、組織プロセスとしての統合が図られている。
③は組織の存在目的と方向性である。AGCでは、島村CEOからのダイレクト・メッセージに始まり、経営方針（AGC plus）、「二〇二五年のありたい姿」、対話集会、幹部対話合宿など、さまざまな場面で存在目的と進むべき方向性について、社内で共通認識を醸成する取り組みがなされている。共通認識があるからこそ、探索側は存在している意味（正統性）が確保され、同じ会社の中で異なるカルチャー（仕事のやり方）を有していても許容されているのだ。

図4.4 両利き組織の特徴

① 組織構造が深掘りと探索を自律的に行う事業ユニットに分かれている。【組織デザイン】

② 探索側が既存側の資産や能力をレバレッジ（活用）できるよう、特定部分で統合されている。【組織デザイン】

③ 既存側と探索側をつなぐ大きなビジョン（存在目的）と明確な戦略意図が存在している。【存在目的・戦略意図】

④ 既存側と探索側の間で発生するテンションやコンフリクトを自ら解決するリーダーが存在している。【リーダーシップ】

④は経営者によるリーダーシップの発揮だ。具体的には、経営チームが直接的に探索事業を保護・支援し、既存事業との間で生じる問題に関し、価値判断を下す必要がある（そうでないと、探索事業は既存事業に駆逐されてしまう）。AGCでは戦略事業は経営チーム（CEO、CTO、CFO）に直接レポートしている。また、必要に応じて本社コーポレート部門から財政支援を受け（「ミルク補給」）、コア事業とは異なる評価指標を通じて業績評価と人事評価がなされている。もし既存側と探索側で利害対立が発生した場合には、経営チームとカンパニー・プレジデントが直接議論し、解決を図っている。

以上のことから、オライリーはAGCを両利きの経営を実践している組織として認めたのである。裏話となるが、当初スタンフォードのケース作成にあたっては、当初、私の方から五社程度の候補先をリストアップしていた。そのリストの中から、オライリーは研究対象として迷わずAGCを選択した。いまから振り返れば、オライリーは上記の四つの観点からAGCに的を絞ったと私には思えるのだ。

これからのAGC

創業一一〇周年を迎えた二〇一八年七月一日、社名が旭硝子からAGCに変更された。島村

ＣＥＯが牽引してきた変革が形になり、同社が素材加工会社から素材開発会社へ、ユニークな素材によるソリューション提供会社へと進化したことを世界に発信したのだ。島村ＣＥＯ曰く、ＡはAdvanced（「高度な、進歩した」の意）、ＧはGlass（ガラス）、ＣはChemicals（化学品）とCeramics（セラミックス）を表しているのだという。

二〇一九年現在もＡＧＣの組織変革は進行中だ。組織全体で新しいプロセスを実行し、島村氏と彼の経営チームは、根気強く対話とタウンホール・ミーティングを続けている。同社のあらゆるレベルの社員と一三〇回以上直接会ってミーティングを行い、毎年五〇回以上、国内外の工場およびオフィス訪問のスケジュールが組まれている。この多忙なスケジュールを振り返りながら島村氏はこう説明した。

「私は変革の方向付けをしているだけです。社員には私からのメッセージを直接送りたい。一部の社員はそれを変革の許可と考え、自分の担当分野で小さな変化を起こしてくれる。そのうちみんながそうするようになるでしょう。新しい企業カルチャーを生み出すのは私ではなく、彼らなのですから」

四年前に取り組みを始めた当初は難しかったとも語る。

「はじめの頃、社員の顔を見れば、私のメッセージに対して彼らが懐疑的であることは明らかでした。以前にも同じようなメッセージを耳にしたけれど、何も変わらなかったからです」

しかし四年間にわたり絶え間なく現場に足を運び、交流を続けた結果、メッセージは浸透し、社員はそれを本物だと信じられるようになった。ご存知だろうか。ＡＧＣのブランド・ステートメント「Your Dreams, Our Challenge」は、プロの広告代理店ではなく、ベルギー本社のチェコ人社員が発案したものだそうだ。それこそが、これまでの組織改革の成果を物語っている。これからのＡＧＣは、これまでの変革機運を後戻りさせず、どのように発展させていくのだろうか。

第5章

組織開発の本質

――トップダウンとボトムアップの相互作用を作り出す

実在の完全なる説明は、単に如何にして存在するかの説明のみではなく
何のために存在するかを説明せねばならぬ。

西田幾多郎『善の研究』(一九一一年)

両利きの経営を実現する組織開発

組織は生き物だ。そこには生身の人間同士の利害のぶつかりあいが生まれる、リアルな組織力学がある。経営者が何か変化を起こそうとすれば、必ず「抵抗」という壁が立ちはだかる。前章でAGCにおける組織変革の取り組みを紹介したが、その中にもやはり「抵抗」があった。合理的判断では片付けられない想いや精神的な痛みがしばしば改革の壁になる。変革を実践する上では、それらに正面から向き合わなければならない。向き合ったときに、初めてそこから立ち上がる一筋の道がある。

本章では、前章からさらに解像度を上げて、両利きの経営を実現する方法をみていきたい。具体的には、**両利きの経営を実現するための組織能力をどうやって開発するのか**、ということだ。すなわち、既存事業に適したアラインメント(結合)と新規事業の探索に適したアライン

メント、さらにはこの二つの異なるアラインメントをどのように併存させるか、ということである。鍵は組織カルチャーのマネジメントだ。これまでの「両利きの経営」という組織経営論が組織進化のための「見取り図」だとすれば、本章はそれを実現するための「ルート・マップ」の位置づけだ。山登りの地図があっても、実際に登山道を歩いてみないとわからないことが多々あるのと同じだ。実際に当事者が自らの足で歩むことで、初めて自社独自のルート・マップが作られることだろう。

組織を変革するために私が用いているアプローチは、いわゆる「組織開発」と呼ばれるものだ。だが、そもそも「組織開発」とは何だろうか。たとえば、次のような定義がある。

「組織開発とは、組織をworkさせるための意図的な働きかけである[1]」

人材・組織に関心のある企画系・人事系の人間には違和感なく理解できる表現だろう。しかし、経営者の視点からはどうだろうか。この定義が果たして経営者の問題意識に刺さり、経営者を動かすことができるだろうか。場合によっては、「それは当たり前のことだろう（そんな当たり前のことを日頃からやっていないのか！）」と、むしろ叱責されるかもしれない。「組織をworkさせるための意図的な働きかけ」というのは、そこにさまざまな意味が含まれているのだが、それは実践者同士の間でのみ通じる内輪の表現に過ぎないのではないだろうか。**組織変革は経営者のトップダウンとミドル・若手のボトムアップがミートするところで起こる。**まず経営者のトップダウンを引き出さなければならない。ＰＤＣＡを高速回転させることが主流の組織でボトムアップを期待するのはかなり無理があるからだ。経営者に働きかける立場にある事務局（経営企画部・人事部）は、組織開発について別の表現をしなければならない。

では、経営者にも通じる定義とは何なのか。それには経営者が組織開発に取り組む意味を考える必要がある。組織開発の現場ではリアルな組織力学が働いていることを前提として、本章では五つの側面から組織開発の意味を捉えてみたい。

（経営者にとっての）組織開発とは――

- 組織を「変える」のではなく、組織が「変わる」を支援する取り組みである。
- 組織の能力開発である。
- 能力発揮のルート・ファインディングである。
- 組織感情のマネジメントである。
- 経営に対する信頼醸成である。

なお、以下ではＡＧＣのケースのような全社レベルの大規模な組織変革事例だけでなく、さまざまな規模の会社の事業本部レベル（各カンパニー・レベル）の事例から得た知見やエピソードも交えていく。ここからは、経営者視点で捉えた組織開発の実践論である。順を追ってみていこう。

①組織開発は組織を「変える」のではなく、組織が「変わる」を支援する取り組みである。

まず組織開発における思考形式について述べたい。組織開発は他動詞モードではなく、自動詞モードで考えるのがポイントだ。何かを変えようとすると必ず現場での抵抗を生んでしまう。私の実践経験から言えることは、問題を抱えた組織では、確かに問題だらけではあるが、どんな組織にも必ず解決に結びつく独自のタネ（素材）があるということである。そのタネを入り口にして、自ら変わりたくなるよう組織ストーリーの筋を見つけること（筋出し）が組織開発の勘所となる。相手の力を使って投げる、合気道のようなイメージだ。

しかし、これまでに外部コンサルティングを多用してきた組織では、組織開発という手法の名称自体にさまざまな先入観をもってしまう。外から手を突っ込まれて「無理やり何かを変えさせられる」という抵抗感から、「また組織体制を変えられるのか」という諦め感、さらに「何か素晴らしい魔法の杖のような解決策を与えてくれる」という幻想までさまざまだ。

組織開発が取り組む課題の多くは、「適応課題」と呼ばれるものだ（詳細は後述）。安易なノウハウやスキル取得だけでは本質的な解決には至らず、当事者が自ら変わることでしか解決することができない問題がほとんどである。当事者主体の取り組みである必要があるのだ。だからこそ、まず当事者同士が組織の現状に対する共通認識を醸成する必要がある。そのためには、当事者同士の対話形式が有効だ。議論による説得ではなく、対話による納得を大切にしたい。対話を通じて、「(組織の)何に注目して、それをどう解釈するのか?」という共通認識を醸成するのだ。共通認識が形成されて、初めてその組織にとってのありたい姿、さらには必要な解決行動が生まれてくる。

解決行動が生まれるプロセスは、外部支援者が解を提供するというよりは、当事者が潜在的に秘めている解決策を見出していくようなものとなる。たとえば、これまであまりスポットライトがあたってこなかった部署(人材)が、実は既に解決案を持っていることが多いのだ。外部支援者が関わることで、これまでの組織の力学に働きかけて(既存のスポットライトを動かして)、組織が自ら変われる筋を探っていくのである。海外の有名企業の成功事例や他社事例ではなく、自社の事例こそが新しいカルチャーを作り、変革における感染力を持つのだ。

②組織開発とは、組織の能力開発である。

組織開発とは、個人の能力開発を目指す人材開発とは異なり、組織の能力開発だ。

組織開発という言葉は近年日本でも注目を集め、多くの企業が組織開発の社内研修やワークショップを導入するようになってきた。私が二〇年前に日本にコーチングを紹介した当時に比べれば、隔世の感がある。

ただ、残念ながらいくら社内研修を繰り返しても、経営の意志がないところで、研修だけでは組織の能力開発にはつながらないだろう。一般的に研修の参加者は、非日常の意識で研修に参加している人の割合が多く、そこで得た学びを日常業務につなげることが難しいからだ。会社によっては、研修は新しいやり方を押し付けられる（修正させられる）場、という固定観念が強い場合もある。個人の能力開発を組織の能力開発に結びつけるには、ひと工夫が必要だ。留意するべき五つのポイントについて説明しよう。

「現場の困りごと」から始める

組織開発を始める上で大切なのは、「現場の困りごと」からスタートすることだ。

「現場の困りごと」とは、たとえば、「組織としての年度方針（戦略・戦術）はわかった。でも、日常業務で忙しくて、とても新しい仕事のやり方には手が出せない」というような実情のことだ。

これについて「なぜできないのか」を問うことにはあまり意味がない。組織開発に入る際は、「（現場は）変わりたくても変われないのではないか」「動きたくても動けないのではないか」

というように、現場に寄り添うスタンスで取り組む必要がある。そうしないと、現場から余計な抵抗を生んでしまう。

ここで問わなければいけないのは、「何があればできると思うのか」「何がどう変わったらできそうか」という問いだ。

「なぜできないか」は問題解決志向の問いであり、原因を特定できれば問題は解決するという前提がある。だが組織の問題は原因が特定できれば解決するという性質のものではない。原因が明らかになることで、かえって事態が複雑になる場合もある。特定の部署や個人が原因とされたために感情的な対立が生じる、といったことが起き得るのだ。これに対して、「何があればできると思うのか」はコーチング的な問いであり、目的思考・未来志向の問いである。現場はポテンシャルを持っており、その発揮を妨げている制約要因を探すのである。

課題がどのレベルで起きているかを意識する

現場の実情を理解できると、どうしてもすぐに解決策に飛びつきたくなるものだ。新しい研修の導入などが最たる例だ。しかし、これは「**組織開発の罠**」と呼んでもいい（**図5・1**）。特にメーカーでは、なんでも仕組みで解決しようとしがちだ。たとえば、組織の問題はすべて人事制度や評価の話に還元されてしまい、人事部が制度を改定しない限り、問題が解決しないというような極論まで出てきてしまう。

「現場の困りごと」が把握できたら、次は現場で語られている問題をどの階層レベルで捉えるかがカギとなる。それは存在目的レベルの問題なのか？ 戦略レベルの問題なのか？ 組織能力レベルの問題なのか？ 組織の基本要素間のアラインメントのレベルで捉えるべき問題なのか？ 仕組み・手順レベルの問題なのか？ 多くの場合、適切でないレベルで課題を捉えていたり、複数のレベルを混同していたりする。

私のこれまでの経験では、組織における問題の多くは、組織能力レベルで捉えるべきものが多い。目的・戦略まではよく検討されているのだが、それを実行するためにどういう能力を組織として身につける必要があるのか、必要とされる組織能力が特定できていないのだ。既存の組織能力で対応できるのか、足り

図5.1 組織開発の罠

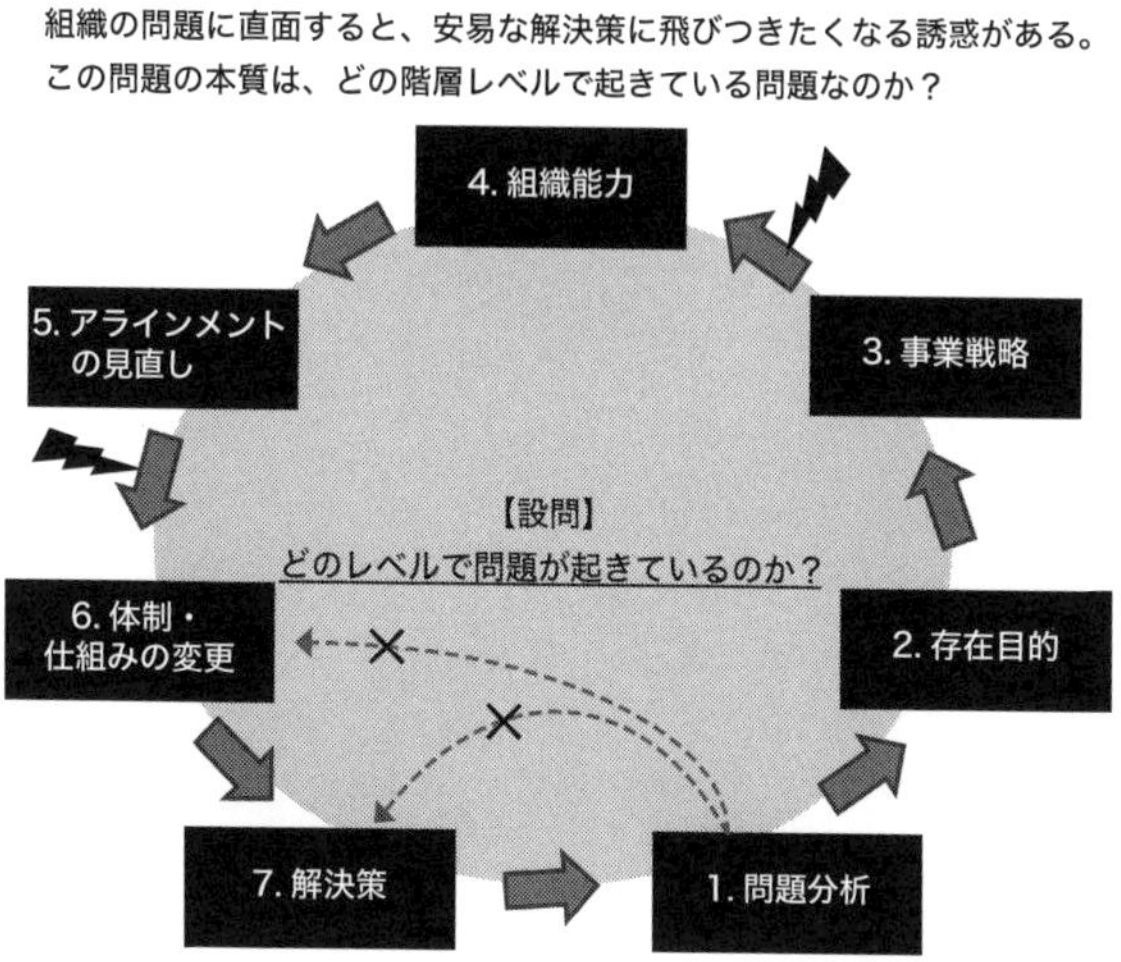

ない組織能力は何かを考えずに、「上が戦略（方針）を決めれば、下は実行するもの」と捉えて、とにかくそのまま進めてしまう。そして予定通りに実行できないと、上層部が現場を問いただし、できない理由（実際には言い訳なのだが）を報告させるケースが非常に多いのだ。しかし現場では自らに必要な新たな組織能力が何かもわからず、その能力形成への経営側からのサポートもなく、そんな中で実行を担うことへの納得感もない。

そうしたケースでは、安易な解決策に走ることなく（例：〇〇スキル研修の実施）、いったん立ち止まる必要がある。オフサイト・ミーティングや合宿などで、自分たちの組織の歴史を振り返ったり、自分たちの置かれている状況を幅広い視座から捉え直したりして、事業環境の変化に適応するためにはどのような組織能力を身につける必要があるかをそれぞれの立場からじっくり対話する必要があるだろう。

必要な組織能力について当事者間で合意する

たとえば、ある事業において、これまでは「顧客からのオーダーを迅速に処理する」ことが求められていたとしよう。しかしＡＩやＩｏＴなどのデジタル時代の到来にともなって、「顧客のニーズを予知・予測する」ことが求められるようになってきた。顧客からのオーダーを受けて動きだすのではなく、顧客のニーズを予知・予測するとなると、仕事の組み立て方や流れは根本的に変わってくる。

そこではどのような能力が必要とされるのか、実際の業務を想定して考えていかなければならない。組織内の既存の能力はどう活かせるのか。誰が得意そうなのか。足りないものは何か。社外から新たに獲得しなければならない能力もあるだろう。今、多くのメーカーではモノ売りではなくサービスで事業収益を上げるビジネスモデルへの転換が迫られている。自動車業界はその典型例だろう。組織として新たにどんな能力を形成することが必要なのか、この点について当事者間で合意（経営者の支援を含む）を確保する必要がある。

新たに築くべきアラインメントを構想する

組織能力が特定され、その必要性に当事者が合意したら、それをどのようにして獲得するかを考えなければならない。組織能力の形成は、特定の個人が能力を身につければよいという話ではない。新しい組織能力を形成するためには、新しい組織のアラインメント（結合）を形成する必要がある。

第3章のコングルエンス・モデルを思い出してほしい。組織がうまく機能するためには「KSF」「人材」「公式の組織」「組織カルチャー」という四つの基本要素のアラインメントが不可欠だ。組織能力はこれらの適切な組み合わせによって成り立つのである。

先程の例でいえば、事業の成功を左右する主な要因はオペレーションの迅速性からニーズ予測の的確性に変わるだろう。高度なデータ分析の能力を備えるために、社外から人材を獲得する必要があるかもしれない。その一方で重要性が乏しくなるスキルもあるだろう。人材の評価制度や、ものごとの決め方も変わってくるだろう。スタンプラリーのように稟議書を回していたのではもはや間に合わないだろう。組織内で奨励される行動（仕事のやり方）も以前とは異なるものになるはずだ。

このように、アラインメントを形成する各要素について変更や調整が必要となる。組織全般に関わってくるため、新たな組織能力の必要性には当事者同士で合意できていても、能力形成の実行過程で衝突が起こる可能性もある（たとえば、新たな人材を採用しようにも、これまでの評価制度を柔軟に変えることができない、等）。その結果として一部の基本要素が古いまま維持されると、能力形成が阻害されてしまう。だからこそ、新たな組織能力の獲得には、局所的な施策ではなく、築くべきアラインメントを意識して全方位的に取り組んでいく必要がある。

体制と手順を整える

既存の組織の中に新しいアラインメントを作り出そうとすると、往々にして従来のやり方にこだわる人（保守的な層、ベテラン層など）の抵抗・反発が生じる。たとえば、新しいことを始めようと決めるとき、その決め方そのものに反対する。つまり、決め方がまず決まらないのだ（これは特に非営利組織で見られる問題だ）。単に楽をしたくて抵抗する人もいるが、それまで自分のやってきたこと（プライド）を否定されたと感じて強い信念を持って抵抗する人もいる。たとえば、実際の現場では、「(若手から悲鳴が上がっているにもかかわらず)私たちの組織に問題などない、(外部コンサルタントの)あなたが(仕事がほしくて)問題を捏造しているのだ!」と、ベテラン部長に罵られるようなケースは日常茶飯事だ。既存の組織カルチャー(これまでの仕事のやり方)が、とてもリアルに新しい組織カルチャーの形成(これからの仕事のやり方)を阻むのである。

そうした場合には、組織を分けて取り組むことが有効だ。「両利きの経営」である。両利きの経営は全社レベルだけでなく、事業部など特定の部署内でも実践できるアプローチなのだ。既存の業務のやり方を深掘りしつつ(カイゼン活動)、新しい業務のやり方を探索するのである。抵抗(反発)する人に無理な変化を強いるのではなく、新しい事業環境の中でも居場所を作るのだ。両利きには、「人を生かす」という発想が流れている。

新しい業務のやり方を実験するために、実験するチームを既存業務から切り離し、組織のトップ(たとえば本部長)の直下で探索させる。新しい試みが既存業務側のベテランたちから潰されてしまわないように、本部長直下で保護するのだ。ベテラン層には引き続き既存業務の深掘りを担ってもらえばよい。某社の研究所では、ある開発テーマに対して、若手チームとベテランチームに分けて、斬新なアプローチと改善型アプローチを競わせる、という面白い取り組みをしていた(その結果、相互のリスペクトが新たに生まれていた)。

そもそも既存業務がいきなりすべてなくなることはありえない。既存業務があってこその新しい業務なのだ。新しい業務のやり方を探索する中で発見した知見を、再び既存業務に還元していくことも大切だ（業務を分離するだけでなく統合する）。それを通して既存業務のやり方も徐々に進化させていくことができるのである。

③組織開発とは、能力発揮のルート・ファインディングである。

組織開発を実践していると、この活動は、人と人、機能と機能をつなぐルートを見つける作業のように感じる。それは「ルート・ファインディング」のような感覚だ。ルートがうまくつながった結果、組織の潜在能力を発揮させることができる。

起点はトップの意志表示

ルートの起点となるのが、組織のトップの意志表示（コミットメント）だ。それが組織内部へのシグナルとなり、そのシグナルに応える変革人材が現れてくる。トップの意志表示がないところで、本質的な変化を起こすのは難しい。ＡＧＣの島村ＣＥＯのように、トップが組織に対する課題意識を持っている場合にはよいのだが、そうでない場合には事務局（経営企画部・人事部）がトップを動かしていく必要がある。

ただ、無理に経営者を動かそうとした提案の多くは失敗する。私自身、過去に何度も苦い経験をしたことがある。エグゼクティブ・コーチングの際に、ある経営者からこう言われたことがある。

「戦略系やマーケティング系の提案と違って、組織系の話は経営そのもの、経営者のスタイル、ひいては自分の人格を批判されているように感じてしまうんだよ」

つまり、組織開発の話は、（意外に思われるかもしれないが）経営者の防御反応を引き起こしやすいのだ。それ以来、**経営者に話をする際には、経営の意志として「組織をどうしたいか」を具体化する施策の一つとして、組織開発のアプローチを提案している。**経営者の立場に立って、組織開発を再解釈するということだ。

事務局が**経営者の問題意識を動かしていくためには、経営の意志を実現する組織を作るという目的論から入り、組織経営の見取り図（ビッグ・ピクチャー）を提示することが必要だ**（本書で「両利きの経営」を実際の日本企業の事例で開示している理由はここにある）。

経営者にとっては、組織開発というアプローチは方法論（スモールｈｏｗ）に過ぎない。目的論のレベルで納得できてこそ経営者の意志は動く。そしてその意志表示が変革プロセスの始まりとなる。

どんな組織であれ、機能していない組織はない。悪いなりにもそれなりに機能しており、いわば低レベルでの均衡状態にあるのだ。この均衡状態をまず崩さなければ、新しい均衡状態は生まれない。トップの意志表示が、低レベルの均衡状態をゆさぶるきっかけとなる。

呼応するミドル・若手の登場

多くの場合、経営トップの意志表示に対して、呼応するミドル・若手が現れることで、組織変革が前に進み始める。トップダウンとボトムアップが組み合わさって変革は進むのだ。

「うちの会社でトップの意志表示に応えるような変革人材はいるのか？」と疑問に思う読者もいるだろう。イノベーションの普及プロセスの理論（イノベーター理論[2]）が参考になる（**図5・2**）。ある新商品が開発されたとき、すぐに飛びつくのは一握りのイノベーター層で、この層が動くだけでは商品は広く普及しない。イノベーター層に次いでアーリーアダプター（初期採用者）にも受け入れられる必要がある。この層が動いて初めて、

図5.2 イノベーター理論

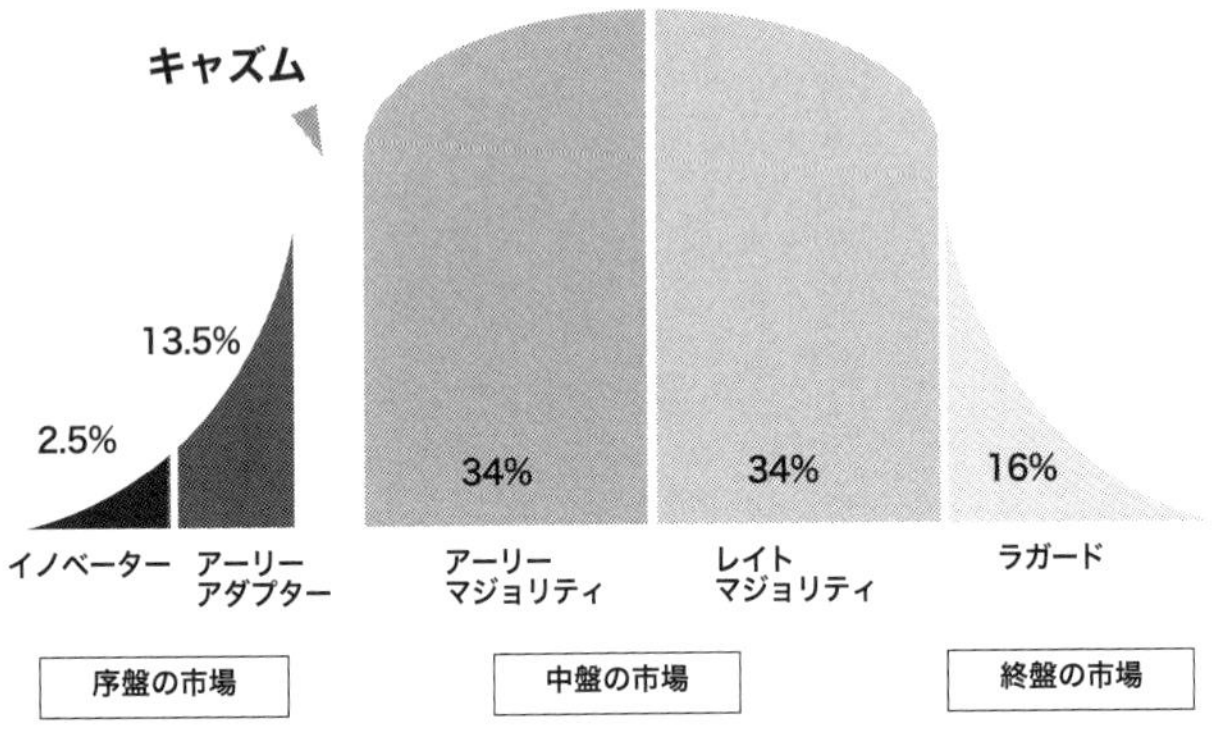

キャズム（断層）を越えた本格的な普及が始まるのだ（アーリーマジョリティ、レイトマジョリティと続く）。そして最後まで新商品を受け入れずに抵抗する層もいる（ラガード）。

組織変革も同じプロセスだ。イノベーター、アーリーアダプターが変革人材にあたる。この層は、潜在的にどんな組織にも必ず存在している（「オレがやらねば誰がやる！」というような人材のことだ）。強い組織、活性化している組織とは、この層の割合が一定数を超えているということなのだろう（ティッピング・ポイント〔閾値〕は一六％と言われている）。逆にこの層の割合が低いと、組織は変化を拒み、低レベルで安定し、事業環境が変化すれば衰退していくこととなるだろう（「どうせ自分一人が言っても変わらない」という人材が多数を占めるようになる）。

トップがミドル・若手の心に響く変革の旗（目的）を掲げることができれば、潜在的な変革人材が現れる可能性は高い（トップが魅力的な旗を立てられるようにサポートするのが事務局の役割だ。もし旗を立てられないなら、そもそも組織変革に足を踏み入れない方がよい）。

コア集団の形成

トップの意志表示がミドル層の変革人材を呼び覚まし、彼らの動きによって変革の機運が生まれてくる。トップダウンとボトムアップが相互作用するハイブリッド型のリーダーシップである。トップの支援型リーダーシップが組織内の分散型リーダーシップを誘発すると言うこともできるだろう。

組織変革のアプローチとして代表的なものの一つが、このトップダウンとボトムアップを階層毎に展開していくアプローチだ。上下の階層から変革に向けた対話を繰り返していくことで、変化を拒む層（多くの場合では部長層になることが多い）を上下の両方向から挟み込んでいく、「**サンドイッチ方式**」だ（**図5・3**左）。

この変革アプローチでは、組織開発コンサルタントやファシリテーターのような外部支援者が役立つことがある。実りある対話を行う上で、普段の組織力学にとらわれずに話せる場づくりが鍵となることが多いからだ。また当事者同士では言語化しにくいこと（タブー）を敢えて言語化するのも外部支援者の役割だ。

もう一つ有力なのが、「**バイラル・チェンジ（感染的変化）**」のアプローチだ（**図5・3**右）。バイラル・チェンジとは、流行は他人の行動をマネする（コピーする）ことから生まれる、というシンプルな原則に基づいている。ある変革人材は部門を越えて他の変革人材を知って

図 5.3 組織変革の二つのアプローチ

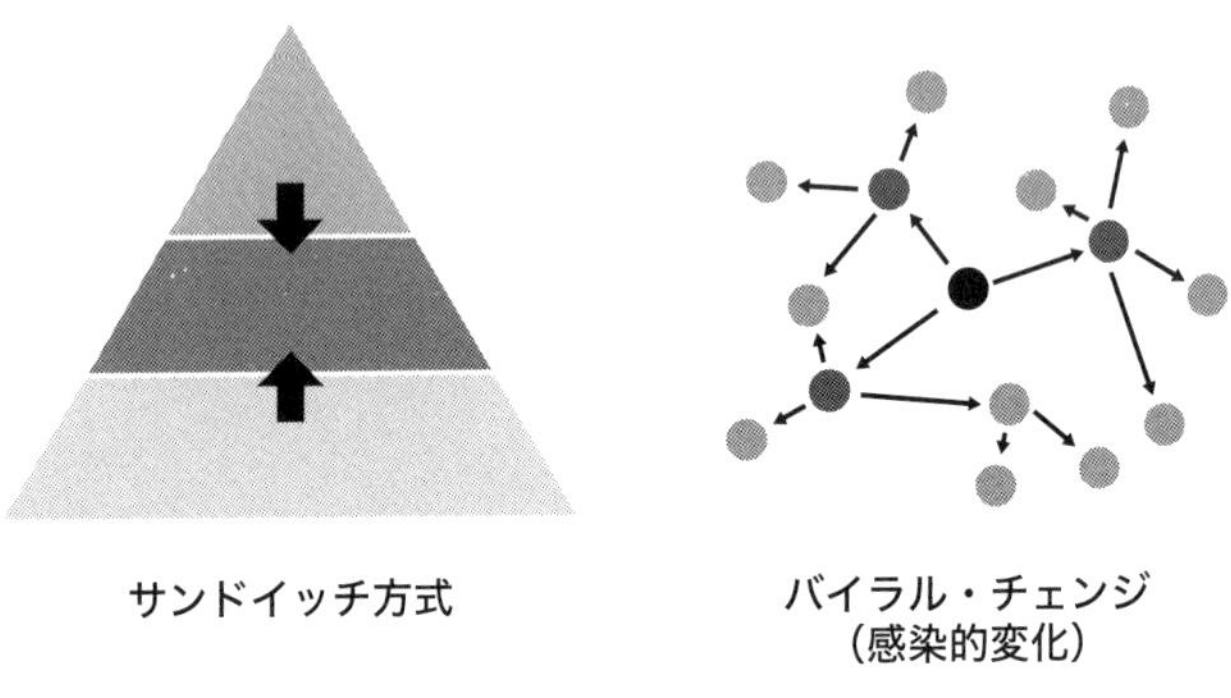

いることが多い。トップの意識表示を起点に、変革人材同士をつなぎ、お互いの活動が感染するようなコア集団を形成するのだ。

このアプローチにおいて組織開発コンサルタントは、メンバーに対するグループ・コーチング等のプロセス・コンサルティングを通じて伴走していく。外部支援者としての役割は、トップの目線と現場を知っているコア集団の目線をマッチさせ、本質的な組織課題（適応課題）を浮き彫りにすることにある。

戦略系や業務改革系のコンサルタントと異なり、組織開発系のコンサルタントは事前に正解（答え・あるべき論）を用意していない。現地・現場で、当事者と対話を重ねながら、その組織が潜在的にもっている可能性を想像し、それを引き出していくのが役割だ。

サンドイッチ方式にせよ、バイラル・チェンジにせよ、いずれのアプローチにおいても、最初のコア集団形成が変革普及の鍵となる。アーリーアダプターとアーリーマジョリティの間にあるキャズム(3)（普及の断層）を越えられるかどうかが重要だ。越えられないと、変革の機運は尻すぼみとなってしまう。

新たなストーリーが語られる

私のこれまでの経験では、キャズム越えができる組織の特徴は、トップが立てた変革の旗（目的）に応じて、コア集団の中で変革のストーリー（ナラティブ）が語られ始めることだ。数値や課題だけでなく、当事者の内面（感情）が語られるようになる。俳句にたとえて言えば、トップが上の句を詠み、下の句をメンバーが詠むイメージだ。「〇〇を目指そう」「そのために悔しいけど〇〇であることを認めて、〇〇を始めたいね」、「本来うちは〇〇な会社だ」「だから、残念だけれど〇〇は諦めて、〇〇を極めよう」というように、会社のビジョンや存在目的を核とした新たなストーリーが紡がれていく。

ストーリーは希望である。まだ見ぬ未来に至る道筋をイメージさせる力がある。変革のために、危機意識を煽るアプローチもあるだろう。ただ、平時の変革において、危機意識だけで反応できる人は組織の中のほんの一部にすぎない。以前ある会社に、「このままだとうちは潰れるぞ！」と常に口にする経営者がいた。トップの危機意識の表れであり、従業員を鼓舞するつもりだったのだが、あまりにそう言い続けるので、いつの間にか誰もが慣れてしまった。結局、変革は実行されることなく、その経営者は退任した。

組織を動かすのは希望である。未来への希望があればこそ（こうなれるかもしれないという道筋が見えるからこそ）、難しいチャレンジや厄介な問題に向き合えるのだ。

私が実際に某大手メーカーに提案した変革プロセス二案を掲載しておこう（**図5・4**、**図5・5**）。A案は全社横断的に展開するアプローチであり、B案は特定の部門で事例を作り、その後、他の部門にも展開していくアプローチだ。

図 5.4 変革のプロセス A 案

1. エグゼクティブ・コーチング（トップ・インタビュー）により、トップのコミットメントを確認する
2. 全社に向けてトップの意志を発信する（シグナル①）
3. **反応するミドル・若手を探し出し、コア集団を形成する**
4. コア集団に対するプロセス・コンサルティング（私たちは何に向き合う必要があるのか？）
5. トップとコア集団の間で、本質的な組織課題（適応課題）について合意する
6. 全社に向けてトップの意志を発信する（シグナル②）
7. 幹部合宿（役員・部長レベルでの合意形成）
8. 事業計画への反映（事業サイクルに組み込む）
9. 全社レベルでの経営資源の再配分（トップによる価値判断、例：人事断行）
10. 各部門における組織開発（職場開発）
11. 部門方針への反映
12. 部門レベルでの経営資源の再配分 (含む配置転換)

図 5.5 変革のプロセス B 案

1. エグゼクティブ・コーチング（トップ・インタビュー）により、トップのコミットメントを確認する
2. 全社に向けてトップの意志を発信する（シグナル①）
3. **困っている事業本部から依頼を受ける**
4. エグゼクティブ・コーチング（本部長インタビュー）により、本部長のコミットメントを確認する
5. 本部内でコア集団を形成する
6. コア集団に対するプロセス・コンサルティング（私たちは何に向き合う必要があるのか？）
7. 本部長とコア集団の間で、本質的な組織課題（適応課題）について合意する
8. 本部長が部門内にむけて意志を発信する（シグナル②）
9. 部門合宿（部長・課長レベルでの合意形成）
10. 部門方針への反映（事業サイクルに組み込む）
11. 部門内の経営資源の再配分（本部長による価値判断、含む配置転換）
12. 他部門へのヨコ展開を図る

どちらのアプローチを選択するかは、当該企業のおかれた環境とタイミング次第だろう。CEOが交替し、社内に新しい動きを期待する機運があれば、一気呵成に進めるA案が適切だろう。一方、社内に停滞感があり、トップが意志表示するだけでは反応が薄いことが予想されるのであれば、着実に実際の部門で成果を上げ、シンボリックな変革のカタチ（事例）を作ってから、ヨコ展開するB案が適切だろう。失敗を恐れる組織では、わかりやすい事例（イメージを生む手本）があると動きやすいのだ。

どちらの案でも、トップの意志表示を変革プロセスの最初に据えている。その意志表示を受けて、全社横断的なコア集団を形成するのか、特定の部門においてコア集団を形成するかの違いである。いずれにしても、コア集団の手によって、変革における本質的な課題（いわゆる適応課題）を浮上させ、それを正式な指揮系統のラインに乗せるのだ。そのためには、オフサイト・ミーティングや合宿という対話の場を活用するとよい。

大事なポイントは、必ず合宿の成果を実際の事業計画等に反映させる点だ。合宿の成果を単なる「学び」や「気づき」で終わらせてはいけない。それでは社内研修と変わらない。実務につなげることが肝要だ。たとえば、事業計画に反映し、数値目標と同様にその後の進捗を事業サイクルの中でフォローするのである。重要なポイントは、実際に変化を起こすために必要ならば、人事断行のような価値判断を伴う経営資源の再配分を行うことだ。

つまり、組織変革の立ち上げプロセスは、トップの意志表示で始まり、トップの価値判断でひと区切りとなる。その後は、トップと事務局は進捗を見守りながら、適宜、組織に刺激を与え続けていくことになる。平時の組織変革が完了するには、概ね三〜四年の年月が必要となるだろう。

④組織開発とは、組織感情のマネジメントである。

組織は感情で成り立っている側面がある。組織開発の実践においては、「組織感情（組織全体に広がっている感情や気分）」をいかにマネジメントするかに注意を払わなければならない。

移行期における組織は、「現状満足→変化への反発→自身への不安→自他ともに刷新」という心理的な変化プロセスをたどる（**図3・10**、80頁）。変化について、理屈ではわかっても、感情的に納得できない。だから、行動しない。組織開発のフェーズが進行するにつれて、必ずといっていいほど、「反発」と「不安」が混在した心理的な「抵抗」（レジスタンス）にぶちあたる。これまで変革に取り組んだことのある方なら誰もが感じたことがあるのではないだろうか。

そうした「抵抗」の背後に隠れているのは、「これまでのやり方を変えて失敗したくない」という怖れや、「大騒ぎになって目立ちたくない」という遠慮、「俺のことをもっと大切にしてくれ」という承認欲求などだ。特に人員構成が高齢化している職場では、この傾向に拍車がかかる。「できればこのまま逃げ切りたい（従来のやり方を続けたまま退職を迎えたい）」という心の声がある。これがまさしく、第3章で見た「慣性の力（Inertia）」を生み、「成功の罠（サクセス・トラップ）」をもたらす元凶である。

経営者は、既存事業における「慢心」や探索事業に対する「怖れ」、既存事業から探索事業に対する「妬み」といった組織感情に対処しなければならない。事業環境が大きく変わる中で、これらを乗り越えて慣性を打ち破れないと、新しいアラインメント（結合）を生み出すことはできず、組織は衰退することになる。

技術的問題と適応課題

心理的な「抵抗」という厄介なテーマに向き合うためには、「**適応課題（Adaptive Challenge）**」という考え方が有効だ。ユニークなリーダーシップ論を提唱することで著名なロナルド・ハイフェッツ（ハーバード大学ケネディスクール）は、組織の問題は二種類あると喝破した。(4) 一つは「技術的問題」であり、もう一つが「適応課題」だ（**図5・6**）。前者は新しいスキルや知識があれば解ける問題（正解のある問題）であるのに対し、後者は当事者自身が適応しなければ解決できない課題（答えのない問題）のことだ。環境変化に対する「適応」（アダプテーション）がハイフェッツのリーダーシップ論のキーワードだ。

これまでの慣れたやり方を捨てて、新たな仕事のやり方を作り出すのは「適応課題」である。変革に際して心理的な「抵抗」を生みやすいのが適応課題であり、当事者が真正面から向き合うまで、繰り返しパターンとなって現出する問題だ。組織の抱える厄介な問題の多くはこの適応課題なのである。

慣れ親しんだやり方を手放すことは、精神的な痛みを伴う。これまでやってきたことに対する自負や誇りの喪失感である。これに向き合うのは正直、かなりしんどい作業だ。その結果、誰もが問題だとわかっていても、責任転嫁したり、問題をすり替えたりして、先送りにしてしまう。

たとえば、ある企業では、基礎研究所と開発センターが統合されて、鳴り物入りで発足したイノベーション研究所がある。その研究

図 5.6 技術的問題と適応課題

	技術的問題	適応課題
問題の特定	明確	学習が必要
解決法	明確	学習が必要
作業を行う人	権威を持つ人	問題の当事者

出典：ロナルド・A・ハイフェッツ他『最難関のリーダーシップ』（英治出版、2017 年）

所では、これまでの基礎研究カルチャー（テーマの新規性重視）と開発カルチャー（納期重視）がぶつかり、期待された技術イノベーションに取り組めずにいた。本来、研究所の責任者たちは、新しいカルチャーの形成という課題に向き合う必要があったにもかかわらず、実際には研究リーダーたちのマネジメント力の欠如が問題と捉え、座学のマネジメント研修を部下に指示したのだ。責任者たちは実は「適応課題」があるとわかっているのに、手の付けやすい「技術的問題」として処理しようとしたのである。

外部の眼からみると、そこには当事者同士の「共犯関係」が垣間見える。変わりたくない心理によって結びついた者同士が、抵抗の少ないところ（研究リーダー）に責任転嫁し、真の問題を見て見ぬふりをしているのだ。しかし、そのまま先送りにしていると、必ずどこかにしわ寄せがいく。近年、品質保証問題で隠蔽が頻発しているのはその典型事例だろう。変われない本社が従来路線のままの無理難題を現場に押し付け、押し付けられた現場は本社の理不尽な要求に反論する勇気がなく（反論しても無駄と思い込んで）隠蔽工作に手を染めるのだ。コンプライアンス上は現場の隠蔽工作が問題だが、果たしてそれは現場だけの問題なのだろうか。

組織開発の現場では、この手の「問題のすり替え」によく遭遇する。適応課題に向き合うのではなく、技術的な問題として捉えることで、本質的な課題から逃げてしまうのである。「適応課題」に対する解は明快だ。当事者全員で「適応課題」に向き合い、本来の仕事をすべき人に仕事を戻さなければならない（"Get the work back"）。

しかし、多くの場合、その仕事をすべき人が、それを自分の仕事として認識していない。たとえば、組織のトップが決めるべきタイミングで、意志表示をしない（価値判断をしない）のだ。卑近な例では、ある事業本部長が中堅若手に対してはかなり厳しいメッセージを伝えるにもかかわらず、これまでの同僚・同期の部長に対しては、「彼もあと数年だから……」といってお茶を濁す、というような事例が多い。これではトップの本気度が疑われてしまう。そうした状況の中、当事者を適応課題に向き合うよう促すことが、組織開発コンサルタントなど外部支援者が担うべき重要な役割となる。実際、コングルエンス・モデルを使って、組織の問題を解きほぐしていくと、組織トップのリーダーシップの欠如が浮き彫りになることが多いのだ。

適応課題に対する二つのアプローチ

実際の職場開発というレベルで一番顕著なのは、部長層が「適応課題」から逃げているケースだ。部長が業務タスクのマイクロ・マネジメントに走り、人・組織のマネジメントを行っていないことが多いのだ。「部長の大課長化」という現象だ。

本来、部長の仕事は二種類ある。業務・タスクのマネジメントと人・組織のマネジメントだ。しかし、多くの企業でインタビューしてみると、その比率は八〇：二〇、極端な例では九〇：一〇という比率になっている。これはリーマンショック以来、業務の効率化を追求し過ぎた弊害だろう。これだけ人材が多様化している中で、職場の責任者である部長が人・組織のマネジメントに時間を割かないのでは、職場が健全な状態を保つのは困難だろう。

そのため全社レベルの組織開発は、あるフェーズから特定の部門の組織開発、さらに特定の部の職場開発となり、主として部長層のマネジメント支援という形をとることが多い（もちろん、経営陣自身が「適応課題」を抱えているケースもあり、その場合は１ｏｎ１のエグゼクティブ・コーチングや役員合宿等を通じて経営陣に適応課題に向き合うことを促す必要がある）。そこでは二つのレベルのアプローチが必要だ。一つは部長個人に対する支援アプローチであり、もう一つが組織能力の形成アプローチだ。

部長個人への支援アプローチとは、具体的に個人コーチングのセッションを通じて、部長が部の現状をどう認識しているか、そこに思い込みや固定観念・過剰な期待がないのか等、個人の自己認識（セルフ・アウェアネス）を再点検することになる。再点検とは、単に部長の表面的な意見だけを聴くのではない。その意見を作り出している考え方、前提を聴くのだ。

多くの場合、「こうあるべき」「こうでなければならない」という前提が、現実とのギャップを浮き彫りにして、その本人の感情（焦り・不平・不満・落胆・諦め）を生み出している。前提が見えてきたら、さらにその前提を解きほぐしていく。その前提はあなたの価値観なのか信念なのか、もしかして固定観念や思い込みではないのか。特に五〇代ぐらいの部長層の場合、「自分の時代はそうだった」という暗黙の前提を抱えていることが多い。対話を通じて、思い込みや固定観念をほぐすことを入り口にして、改めて部のビジョンや存在目的について考えてもらうのだ。職場を観る視点を適切に再設定さえできれば、何らかのアウトプットは可能となる。

難しいのは、組織能力の形成アプローチだ。対話を通じて、当事者同士の「共犯関係」を解きほぐす必要がある。それぞれがこれまでの仕事の内容・やり方に思い入れを持っている中で、対話によって現状に対する見方を擦り合わせ、共通認識を醸成する必要がある。立場によって、同じ事実に対してもまったく違って見えていることがあるものだ。その違いに気づき、共通の認識を育んだ上で、ビジョンを実現するために「部としてどんな組織能力が必要なのか」について対話するのだ。具体的には次の三つの問いに向き合うこととなる。

①新しく何を始める必要があるのか？
②そのために、何を諦める必要があるのか？
③一方で、何は継続（強化）するのか？

一般的なコーチングの理論では、①と②を問うことが多い。しかし、私はハイフェッツから、③こそが大切なのだ、と教わった。この問いが、守るべきものをハッキリさせ、抵抗の源である喪失感を緩和することになるというのだ。私自身は①と②の間に生まれるテンション（緊張関係・ジレンマ）をほぐす役割を果たすのが③と理解している。一昨年、ハイフェッツが主宰するケネディスクールのエグゼクティブ・プログラムに参加する機会を得た。プログラム修了の際に感想を問われ、「先生のアダプティブ・リーダーシップは、『痛みの再配分』ですね」と感想を述べたところ、先生はニコリと笑い、ウインクをしてくれた。

この三つの問いについて、当事者同士で合意し、納得しない限り、新しい組織能力の形成は始まらない。「始めること・やめること（あえて手を抜くこと）・継続すること」の三点確保によって、新しい組織能力を生み出す力の配分、バランス・ポイントが生まれることが可能になるのだ。

なお、当事者同士の合意とは部内だけのことではない。上司（本部長など）との合意も必要だろうし、関係部署との調整も必要となるだろう。特に部長の判断を支える本部長の決断は欠かせない。特に②の問いについては、役員クラスの支援がない限り、実行が困難となる。繰り返しになるが、組織変革のプロセスは、トップの意志表示に始まり、トップの価値判断でひと区切りとなるのだ。

⑤組織開発とは、経営に対する信頼醸成である。

組織開発の一連のプロセスを完了できた際に、個人的に感慨深く思うことがある。それは、

「やっとここまで（経営者の想いへの）共感の輪を広げることができた」という実感だ。

組織開発の起点は、経営トップ（対象となる組織のトップ）が変革の意志表示をすることだ。それが変革の旗頭（WHY）となって組織内に波及していくプロセスこそが、私が多くの企業で後押ししている「経営トップから始まる組織開発」なのだ。必然的に、組織開発とは経営に対する「信頼の醸成」、場合によっては「信頼の回復」というプロセスになる。

組織開発をスタートする際に、多くの階層型の組織では、下の階層からは「上がどんな方向を目指しているのかみえない」というぼやき、上の階層からは「下はなぜもっと主体的に動かないのか」という嘆き、この両方が重低音となって組織内に響いている。その状態が、組織開発の一連のプロセスを歩き切ることができると、「うちのトップは（自分たちのことを）わかってくれているんだなぁ」とか「うちのトップは（目指す方向性について）ブレない人だ」という声（語り・ナラティブ）に変わってくるのだ。AGCのケースでは、ある中堅マネジャーが、「島村さんの経営になって、（組織の中の）人間性が回復したと思う」と語っていた。

「自分も問題の一部である」という自覚

では、トップがどんな意志表示をすると共感の輪が広がり、経営への信頼感が醸成されていくのだろうか。

無理にキレイゴトを語る必要はない。トップが組織の現状を自分の言葉で語ることに尽きる。企画スタッフが書いたものでは駄目だ。語る内容と語る人の「一致感」が不可欠だからだ。「自己一致感」がないと、聞き手側に「あなたに言われたくないよ」という反発や「よく言うよ……」というシラケを生むこととなる。

「自己一致感」を生み出す鍵は、「自分も問題の一部である」というトップの自覚だろう。自覚の有無は話の仕方によく表れる。自覚がある場合には、現状認識についての語りの主語が「わたし（I：一人称）」となり、目指す姿の語りの主語が「わたしたち（We）」になる。自覚がない場合には、「君たち（You：二人称）」や「彼ら（They：三人称）」となってしまうのだ。

繰り返しになるが、組織の問題の多くは技術的問題ではなく、適応課題である。つまり、それはトップも含む当事者間の「共犯関係」によって成立しているといっても過言ではない。この自覚があるかないかが、語る内容のトーンを決めてしまい、「自己一致感」の有無が聞き手に伝わってしまうのだ。

経営者の「器」の問題

変革の意志表示において、トップの言葉が創り出すトーン、すなわち「トーン・オブ・ザ・トップ（Tone of the Top）」が極めて重要だ。[5] それは変革の軌道の発射角度を決めてしまう。

しかし、トップも生身の人間だ。「自分も問題の一部である」といった発言が、自分の経営スタイルやこれまでの諸先輩の経営を否定することになるのではないかという恐れや自己防衛が働くものだ。「自分も問題の一部である」という自覚は、誰かを批判したり、責めたりするものではなく、自分のこれまでを否定するものでもない。ただ現実を受け入れるということだが、これがとても難しい。

成人発達理論[6]に照らして言えば、これは人間としての「器」の話になってくる。だからこそ、経営トップに対するエグゼクティブ・コーチングが非常に有効なのだ。自分のこれまでの認識を生み出していた前提（価値観・信念）を再点検し、もしそれらが固定観念や思い込みであったのならば、それらを手放し、認識の前提を再設定する必要がある。自己認識の前提を柔軟に更新できるかどうかが、人間の器の大きさを決めるのだ。

私のこれまでのエグゼクティブ・コーチングの経験では、組織の移行期は経営トップの自己認識の枠組みの移行期と（結果的に）重なることが多い。特に、オーナー系の企業では、このトップの器こそが組織の成長段階を決めると言っても過言ではないだろう。

私が経営トップの意志表示における「自己一致感」に拘るのには、理由がある。私自身が何度も失敗して、痛い目に遭っているからだ。

かつて、強烈なトップダウン型の経営者が長年経営する上場会社の組織開発を引き受けたことがある。中興の祖と呼ばれるだけあって、動物的な勘で成長路線を作り出してきた名経営者だ。ただ、トップダウンの経営スタイルが長く続いた弊害で、役員以下が指示待ち（トップが何でも決めてくれる）の組織カルチャーになってしまっていた。

その経営者の発言トーンは、終始一貫して「なぜ君たちは変われないのか？」というものだった。当時の私のエグゼクティブ・コーチングでは力不足で、最後まで「自分の経営スタイルが部下の依存のカルチャーを作り出している」という自覚を引き出すことはできなかった。相当の時間と予算を投入したプロジェクトだったが、結果は捗々しくなかった。将来の経営を担う後継者候補の一人から、最後に象徴的な一言を聞かされた。「結局、トップは私たちのことを信頼していないのですよね」。今でも悔いの残るプロジェクトだ。

トップの価値判断が変革を本物にする

経営トップの意志表示が変革プロセスの起点だとすれば、一つの区切りとなるのはトップの価値判断だ。トップの大きな価値判断によって、組織の中のさまざまな意志が束ねられていく。価値判断とは「何を良しとするか」の判断である。組織開発を通じて、これまでタブー視されていたような問題が浮上し、その組織に特有の適応課題が明らかとなってくる。それを克服する策を検討していくと、最終的に、どこかのタイミングでトップが価値判断を下すことが求められることが多い。

たとえば、「(新しいことに取り組むためには)もうこれはやらなくてもよい」という業務判断、予算などの経営資源の再配分の判断、そして人事異動の判断だ。特に、これまでの組織カルチャーを象徴するようなキーパーソンに対する人事断行は、トップの本気度が伝わる最大のメッセージとなる。ＡＧＣの経営チームも要所要所で、キーパーソンの人事断行を行っている。変革のスローガンだけでは、組織は変わらない。

しかし、残念なことに、ここぞという場面で判断しない経営者もいる。「それは本当か？」「大丈夫なのか？」「確かめたのか？」等の質問を繰り返し、その度に事務局が検討資料を作り直すことになる。傍らにいる外部支援者としては、「もう決めてください」と祈るような気持ちになる。しかし、それでも決めきれないと、いつの間にかタイミングを逃し、盛り上がった変革の機運が失われてしまうのだ。そうした組織開発プロジェクトは、「結局、あれは何だったの？　研修みたいだったね」という評価が定着してしまう。貴重な機を逸してしまうのだ。

変革プロセスで浮上した適応課題を先送りせず、トップが勇気を持って大きな価値判断を示すことで、組織変革は定着し、同時に経営に対する信頼が確かな

図 5.7 組織開発におけるトップの役割

“変革はトップダウンとボトムアップがミートするところで起こる”
(Change happens when top down meets bottom up.)

1. 外部環境の変化の兆しを感じ取ったトップは、組織変革の意志を発信する。
2. トップはシグナルに反応するミドル・若手を見出し、彼らの取り組みを認知・支援する。
3. トップは取り組みの中から勝ちパターンを見出し、今後の方向性を打ち出す。
(経営視点で意味づけする)
4. トップは様々に行われる取り組みを同じ方向性に束ねる。
5. トップは必要な場面で価値判断をし、変革を定着させる。

ものへと変わっていくのである。組織変革はトップダウンで始まり、ボトムアップとミートすることで実を結ぶ。組織開発におけるトップの役割は重大である（図5・7）。

第6章

脱皮できない蛇は死ぬ

――日本企業のための組織進化論

脱皮できない蛇は滅びる。意見を脱皮してゆくことを妨げられた精神も同じことである。

（フリードリヒ・ヴィルヘルム・ニーチェ、独の哲学者）

オライリーらの組織経営論には、「事業環境の変化に適応できない組織は死ぬ」という大前提がある。それはいわば「組織進化論」（オーガニゼーショナル・エボルーション）であり、背景にはディスラプション（創造的破壊）に対する猛烈な危機意識がある。環境変化のスピードが加速しており、これまでのように時間をかけて組織アラインメント（結合）を形成していては間に合わない。成熟企業が生き残るためには既存のアラインメントを保ちながら、新たなアラインメントを築く必要がある、というのが「両利きの経営」の基本的な考え方だ。既存の事業を深掘りしつつ、次の進化に向けて準備しておくのである。最終章となる本章では、組織進化論という視座で、これまでの議論をまとめてみたい。

進化する組織では、組織アイデンティティの形成が鍵となる

組織経営論の基本的な枠組みは、第1章で述べたように「存在目的」「戦略」「組織」（何の

ために、何を、どうやって）のトライアングルが基本だ。

　このトライアングルにおいては、戦略と組織の間に循環作用がある。戦略を実行できる組織を作る。その組織から新たな戦略が生まれる、という好循環だ。**この循環作用の中で、その企業独自の「組織能力」（オーガニゼーショナル・ケイパビリティ）が形成される**（図6・1）。

　戦略と組織の連動・連鎖を高めることで、その企業独自の組織能力が形成される。しかし、そのプロセスは組織能力の形成に留まらない。組織能力とは、突き詰めていえば「人のつながり方」のことである。人のつながり方が、組織機能の組み合わせを作り出すからだ。新たな組織能力が生まれるところには、新しい人のつながり方がある。お互いがこれまでのルーティン業務について対話し、問い直すことで、惰性に陥っている自分たち

図6.1 組織経営の全体像 II

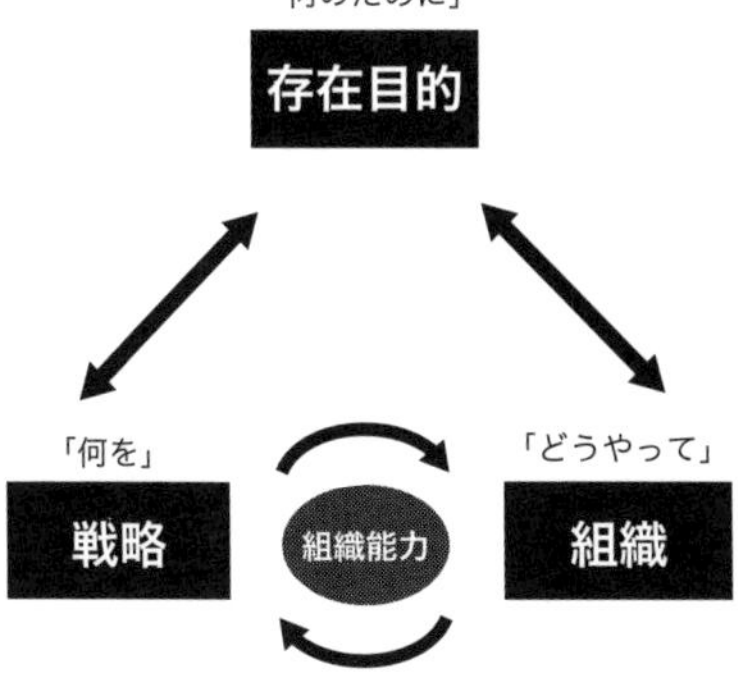

に気づき、やっていることの意味を再発見する。立場の違いを認識すると同時に、共通点にも気づくのだ。たとえば、対話の中で使われる言葉が、「彼ら」から「俺たち・私たち」に変化していく。

つまり、**組織能力を形成するプロセスは、自分たちの「組織アイデンティティ」を問い直すプロセスでもあるのだ。**組織アイデンティティとは、「自分たちは何者か」ということだ。「両利きの経営」においても、共通のアイデンティティがあればこそ、既存の主力事業とは異なる組織カルチャー（仕事のやり方）が併存することも許容される。同じ目的があればこそ、異なるアプローチが許容される。その結果、新規事業は既存事業の経営資産や組織能力を活用することができるのだ。

組織アイデンティティは、「私たちはどこから来て、どこへ行こうとしているのか？」という根本的な問いへの答えでもある。組織ストーリー（物語）の中核概念となるものだ。それには二つの側面がある。一つは「自分たちはどうありたいのか」という側面であり、もう一つは「顧客（世の中）からどう見られたいのか」という側面だ（**図6・2**）。この両面が交わるところに、「組織アイデンティティ」が存在する。

組織進化の過程においては、新しい組織能力が形成され、その背後には必ず組織アイデンティティの更新がある。ＡＧＣの両利きの経営においては、「自分たちは単なるガラス加工メーカーではなく、ユニークな素材開発メーカーである」という、アイデンティティの更新が

図 6.2 組織アイデンティティのダイナミクス

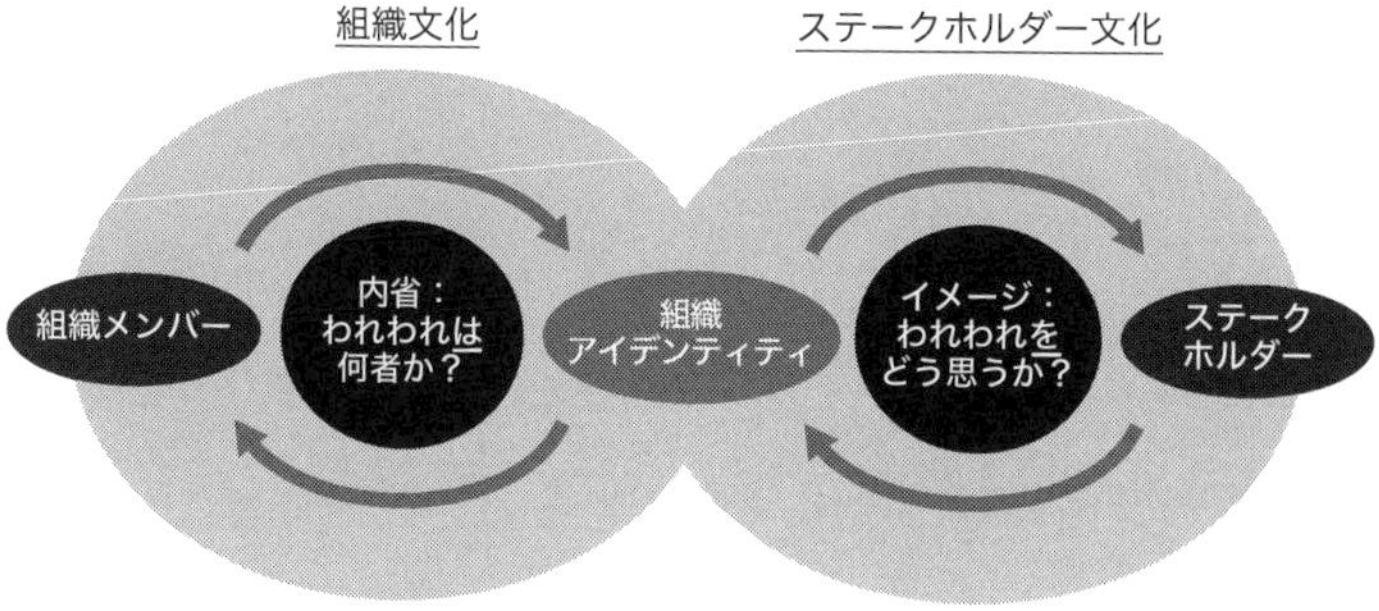

出典：Mary Jo Hatch 著『Hatch 組織論』（大月・日野・山口訳、同文館書店、2017 年）p.505 に一部加筆

図 6.3 組織経営の全体像 III

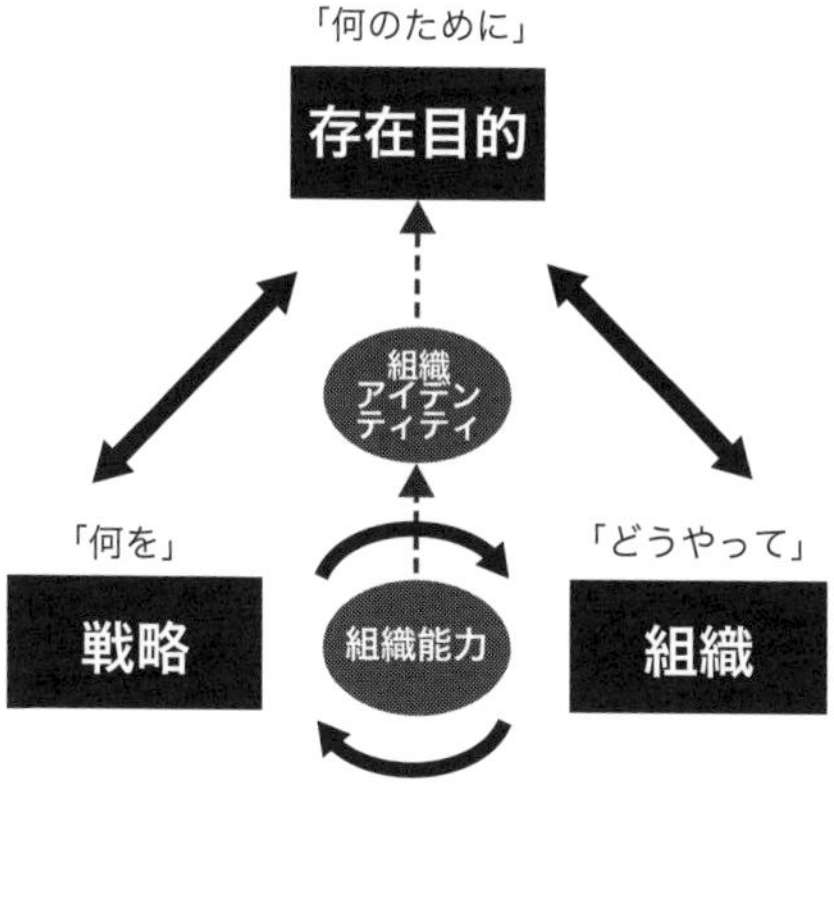

あった。

さらに、組織アイデンティティの更新は、企業の存在目的にも影響を及ぼしていく。**「存在目的↓戦略↕組織↓組織能力↓組織アイデンティティ↓存在目的」というように、変革の大きな流れは、存在目的から始まり、存在目的に戻ってくるのだ。この大きな循環こそが組織進化なのである**（図6・3）。

進化における垂直方向の課題と水平方向の課題

実際、組織開発の扉を開けることは難しい。その扉を開けるには、事務局（経営企画部・人事部など）は自社の組織課題に対する「見立て」（作業仮説）を持つ必要がある。見立てなしで組織開発を始めてしまうと（外部コンサルなどにプロジェクトを丸投げしてしまうと）、多くの場合、単なる調査（流行のHRテックを使った見える化サーベイ）や社内研修で終わってしまうことになる。

研究者は組織開発をわかりやすく「診断型」と「対話型」に分類して解説するが、その実践はハイブリッド型にならざるをえない。ある程度の見立て（診断）がないとそもそも企画が成立しないし、組織のトップを納得させることができない。一方で、組織開発のプロセスは事務局がすべてをコントロールすることなど不可能で、事前にプロセスの着地も見えない。その中で、当事者同士の対話による納得感は不可欠なのだ。しかし、ただ対話だけを繰り返していても、最初の二、三回は盛り上がるが、いずれ「対話疲れ」が起きてしまい、変革の機運は低迷してしまう。

ある見立てをもって組織開発に入り、その見立てを常に更新しながら、先が見えない中を進むしかないのだ。そして最後はトップの価値判断によって、経営資源の再配分を実現する。こうして実務に落とし込まない限り、組織開発は単なる社内研修やスローガンの連呼に終わるだろう。

組織進化という視点で俯瞰すると、組織課題には大きく二つの系統がある。一つは「垂直方向の課題」であり、もう一つは「水平方向の課題」である。

「垂直方向の課題」とは、次の進化に向けた課題であり、新たな組織アラインメントを形成する上での課題である。典型的なものは、ハイフェッツの「適応課題」だろう。オライリーの組織変革プログラム（LCOR）では、これを「機会ギャップ（Opportunity Gap）」と呼ぶ（**図1・2**、22頁）。これは組織の伸びしろ（ポテンシャル）を探求する課題だ。

一方、「水平方向の課題」とは、現段階における課題であり、既存の組織アラインメントの調整・調節上の課題である。オライリーの組織変革プログラム（LCOR）では、これを「成果ギャップ（Performance Gap）」と呼ぶ（**図1・2**、22頁）。これは当初の組織成果の期待値からのずれを修正する課題だ。具体的には、経営のリーダーシップ（意志表示・価値判断）と事業戦略の方向性と時間軸を再確認した上で、「KSF、人材、公式の組織、組織カルチャー」の基本要素間で整合性が欠けている部分の補強・修正が課題となる。

垂直方向と水平方向という二軸を押さえることで、組織課題について見立てを持つことが容易となる。たとえば、次のような問いを立てるとよいだろう。

- いま自社が直面している組織課題は、どちらの要因が主となって引き起こされている課題なのか？
- 両方の要因が重なって起きている課題は何か？
- 組織変革の重心はどこに置くべきなのか？

たとえば、AGCの場合、「水平方向の課題」とは、「組織活性化によって、既存事業をどう深掘りするか」という課題であった。一方、「垂直方向の課題」とは、「既存事業の組織能力を活用して、戦略事業を探索できる組織をどう作るか」という課題であった。そこで、まず島村CEOは「AGC plus」という存在目的を自ら定め、事業ポートフォリオの組み直しに着手し、戦略事業とコア事業を併存させる組織体制を構築した。その上で、既存事業の組織活性化（組織カルチャーの見直し）に取り組んでいた。AGCの組織変革の重心は、新しい成長領域を探索する「垂直方向の課題」にあったと言えよう。

ただ、見立てがあっても、やみくもに組織変革をすればよいというものではない。組織変革には、仕掛けるべきタイミングというものがある。たとえば、創業○○周年、ＣＥＯ交代時、中期経営計画策定時などは、わかりやすいタイミングだろう。

変革の狙い（ターゲット）も肝心だ。どこの部門の、どの層を刺激することを狙っているのか。経営層なのか中堅ミドル層なのか。特に、経営トップ（対象となる組織のトップ）を動かす場合には、「視座・視野・視点」の三つが不可欠だ。事務局の見立ては、高い視座から、広い視野で、鋭い視点から捉えたものになっているだろうか。たとえば、「なぜ今、取り組むべきなのか」「対象は全社レベルなのか特定の部門なのか」「どういう角度（切り口）でスタートするのか」というような、経営者からの疑問に答えられる必要がある。

「見立て・タイミング・狙い」の三拍子がそろって、初めて組織開発の扉は開くのだ。

組織カルチャーをめぐる誤解

私たち著者三人が一緒に日本企業のインタビューをしていた際に、たびたび混乱が起きるテーマがあった。それは組織カルチャーをめぐる議論だ。

日本では、組織カルチャーは「組織文化」「組織風土」と理解されていることが多い。「当社のDNAは……」と説明を始めるケースも多かった。そうした場面で、必ずオライリーとシェーデは次のような懸念を示した。

「組織カルチャーをDNAとして理解してしまうと、それは暗黙的に変えられないもの、所与の前提として捉えてしまうことになるのではないか？」

米国の経営学の枠組みでは、組織カルチャーとはその企業でみられる特有の行動パターンのことだ（**図6・4**）。外部の研究者に観察できる行動パターンや特徴は、もちろん、その企業独自の価値観や規範（暗黙の社内ゲームのルール）を土台にしている。それはたとえば、「上司

図6.4 組織カルチャーとは

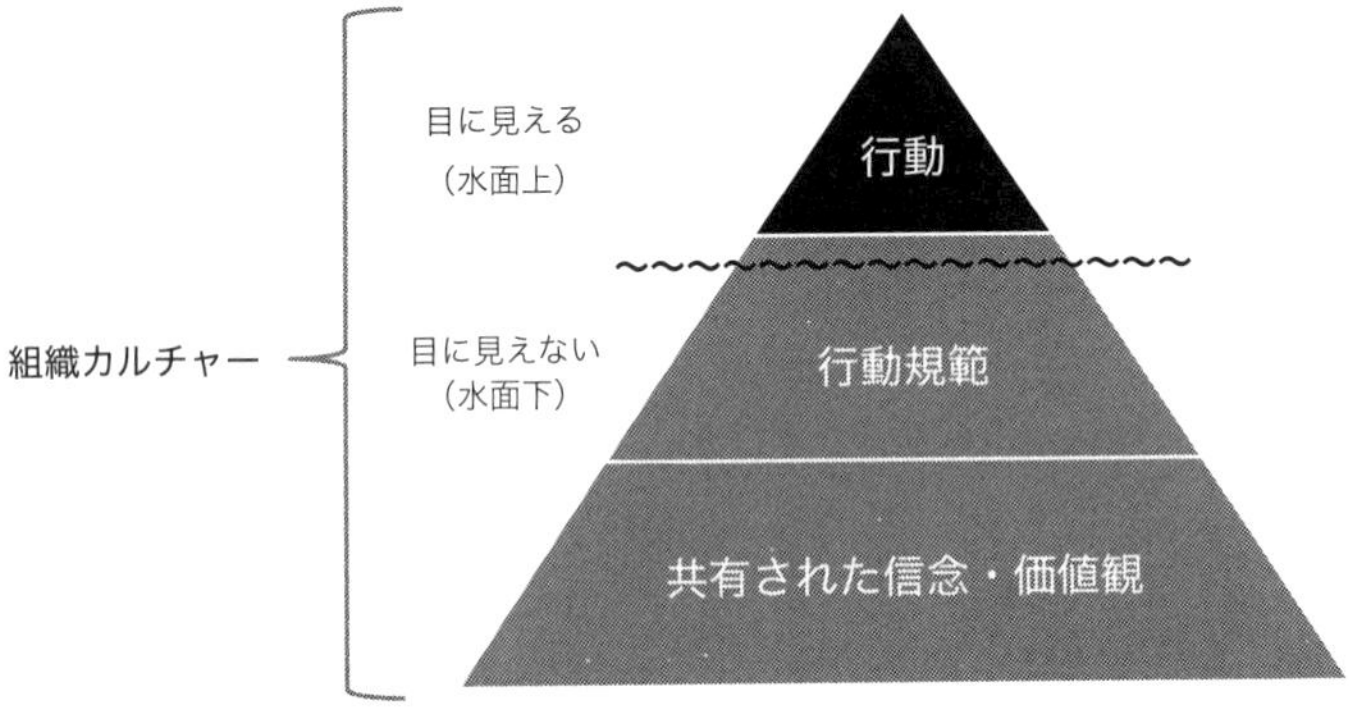

・組織カルチャーとは、行動パターン・特徴として観察できるもの。
・その会社独自の「仕事のやり方・進め方」である！
・組織で共有された価値観や行動規範（暗黙のルール）がベースになっている。

の指示がない」という事実に対して、「だから勝手にやってもいいと解釈して行動する」もしくは「だから動かない方がよいと解釈してじっとしている」といった、事実の解釈の仕方や振る舞い方だ。

オライリーは今では「両利きの経営」の提唱者として有名だが、初期の学術的な功績は組織カルチャーの研究にある。組織カルチャーは働く人にとってのモチベーションとなり、経営者にとってはソーシャル・コントロールとしても機能するという研究だ。[1] 巷に人材と組織カルチャーの適合性（フィット）を計測する組織診断ツールがよくあるが、その多くはオライリーの研究がベースとなっている。[2] その功績を一言でいえば、「（必要に応じて経営者が働きかけることで）組織カルチャーは変えることができる」と実証したことだ。また、「組織カルチャーは競争力の源泉になりうる」と示したことも重要だ。真似されにくいという点で、組織カルチャーは最強の競争力とも言えるのである。

オライリーの視点からみると、組織カルチャーをDNAや風土として捉えると、それを「既にあるもの・変えられないもの」と見なすような前提が働いて、経営者の打ち手がぼやけてしまうのではないかという懸念だ。

実際、これまで日本企業では、人事制度や人事異動によって組織を管理する傾向が強かったように思う。コングルエンス・モデルにおける「公式の組織」「KSF」という「**縦ライン**」への働きかけ（制度設計）による組織管理である。その背景には、終身雇用で人を解雇することはできないし（「人材」は変えられない）、伝統のある会社の「組織カルチャー」はDNAであり変えられない、という暗黙の前提があったのかもしれない。

しかし、本気で組織を進化させるには、人材の入れ替えと組織カルチャーの刷新は避けられない。コングルエンス・モデルにおける「人材」「組織カルチャー」という「**横ライン**」への働きかけ（組織プロセスへの刺激）である。

経営者が本気になれば、組織カルチャーは変えることができる。ただし注意すべきなのは、組織カルチャー「だけ」をいきなり変えることはできないという点だ。組織カルチャーを変えたいなら、経営者は以下の問いに向きあう必要がある。

- 我々はどういう企業でありたいのか？（経営者のリーダーシップ：意志表示と価値判断）
- それを実現するための策とは何か？（企業戦略）
- 戦略を実行するために、どのような実行課題があるのか？（ＫＳＦ）
- そのためには、どんな経験や能力、行動スタイルをもった人材がフィットしているのか？（人材）
- その人材の貢献をどのように評価する仕組みが必要なのか？（公式の組織）
- その人たちはどういう仕事のやり方をすれば能力を発揮しやすいのか？（組織カルチャー）

つまり、組織カルチャーだけを変えようとするのではなく、他の基本要素とセットで、新しいアラインメント形成の一部として、カルチャー・チェンジを図る必要がある。組織カルチャーそのものをいきなり変えることはできない。カルチャーは結果として変わるものだ。

まず経営者はこれらの問いに対する自分なりの答えを持たなければならない。そして、その結果を共通イメージとして大胆に掲げ（自らのスタンスをハッキリさせる意志表示をして）、そこに向かって自ら組織に働きかけていく（刺激していく）のだ。想定外の反応もあるだろう。それらを取り込みながら、適切なタイミングで個別に価値判断を下し、組織を新しい段階へと押し上げていかなければならない。カルチャー・チェンジのスイッチを入れるのは、本来、経営者の役割と責任なのである。

個人の変容は組織の変容につながるのか？

オライリーが主宰する組織変革プログラム（LCOR）に参加して、発見したことがある。それは組織変革の理路として組織経営論的なアプローチは、一般的な心理学的なアプローチとは明確に異なるものを指向しているという点だ。たとえば、心理学系のアプローチは、まず個人のパーソナリティの理解に始まり（アセスメント）、変革に必要な姿勢・態度を設定して、具体的な行動変容を促していく理路を辿る。

一方、組織経営系のアプローチでは、まず経営者が変革のコンテキスト（文脈）を設定することで（例：なぜいま変革が必要なのか？）、一部のミドル・若手からの具体的な行動が誘発され（経営者からのシグナルに応える行動が生まれ）、それが全体に広まり、変革の姿勢・態度として定着するという理路を辿るのだ。単純化すれば、前者は「Personality → Attitude → Behavior」であるのに対し、後者は「Context → Behavior → Attitude」ということだ。つまり、組織変革の入口を個人のパーソナリティに置くのか、組織の文脈設定に置くのかによって、変革の理路が変わってくるのだ（**図6・5**）。

私にとって、オライリーの指摘は衝撃的

図6.5 心理学系のアプローチ　vs　組織経営系のアプローチ

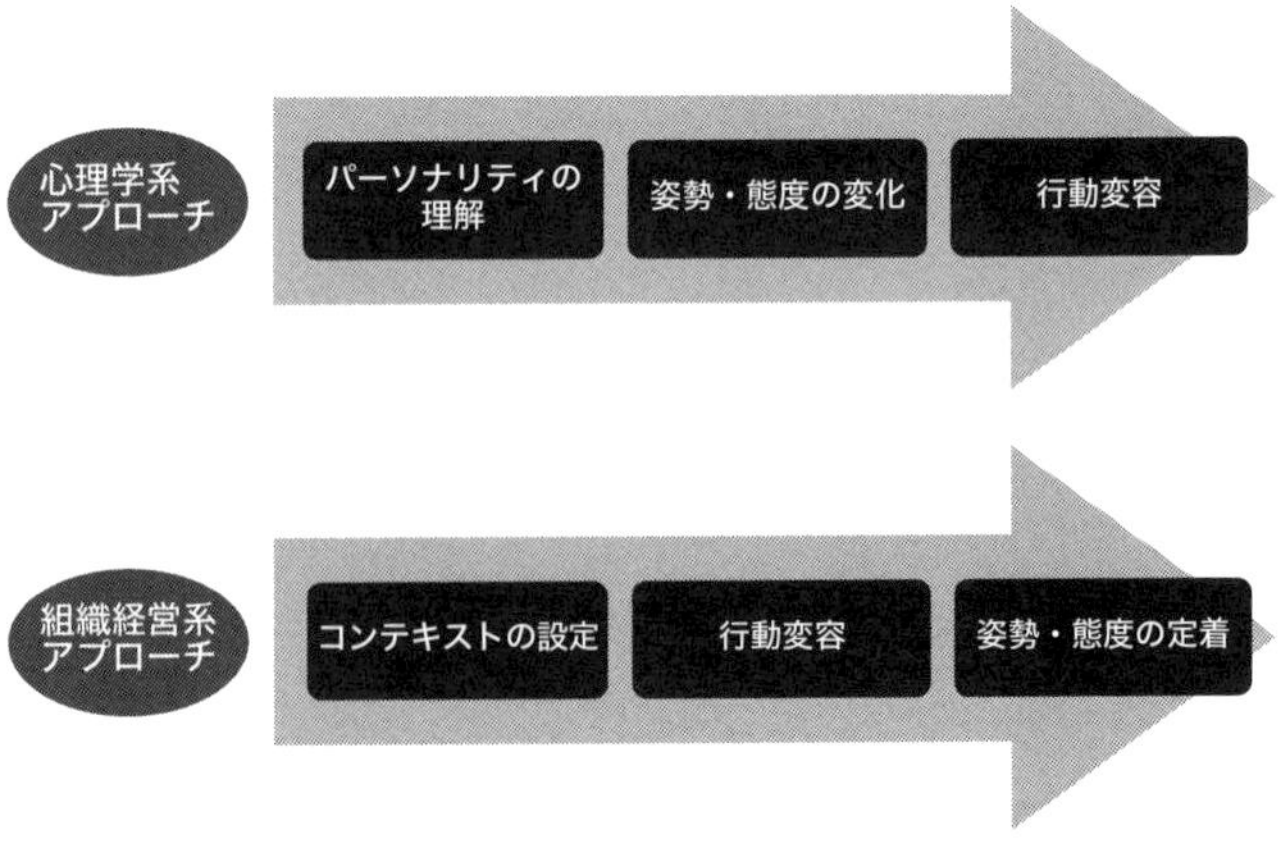

だった。組織開発のキャリアをパーソナル・コーチングからスタートした私にとっては、組織変革に対する暗黙の前提は心理学系に基づくものだったのである。一方で、私が積み重ね実践してきたアプローチ（「経営トップから始める組織開発」）は、実は組織経営系に近いものだった。この認識のねじれが、実践者としての私のモヤモヤ感の正体であり、その結果、自分自身の取り組みを言語化するのに十数年の歳月がかかったのだった（同時に恩師の系譜に属していたことには安堵したのも正直な感想ではあったが）。

このアプローチの違いを認識することは、実践者にとっては本質的な問いを生むことになる。それは、「はたして個人の変容は組織全体の変容につながるのか？」というものだ。この問いに対する回答は読者にゆだねたい。そもそも唯一の解は存在しないだろう。組織という生き物を扱う組織開発の実践には、さまざまなアプローチがあるのは当然だ。そこに優劣はない。組織の規模感、事業の置かれている状況、これまでの組織の歴史・経緯などに応じて、個人を中心とする心理学系のアプローチと組織・集団を中心とする組織経営系のアプローチをどうバランスさせるのか、ということになるのだろう。大切なことは、実践者自身が自分はどういうアプローチを採用しているのかを自覚することであり、それは組織開発の効果にも大きな影響を与えることだろう。

組織は機能体であると同時に共同体である

組織には、「ゲマインシャフト（共同体組織）」と「ゲゼルシャフト（機能体組織）」という二つの面がある。**本書では、これまでどちらかと言えば組織の機能体としての側面に着目して議論してきた。**組織として機能しない限り、組織は存在しえないからだ。しかし、**組織はそもそも機能体であると同時に共同体である。**機能体とは個別機能の連動・連鎖であるのに対し、共同体とは「共有された世界観を持っている結合であり、存在の在り方」だ。[3] この両方を押さえる高次の視点を大切にしたい。

現在の多くの日本企業では、組織の共同体の側面を再構築することが急務となっている。これまでの効率経営の反動が生じている。終身雇用の終焉は象徴的な制度疲労の現象だが、既に日本企業の中には異なる五つの世代が存在しており（団塊世代、新人類世代、バブル世代、団塊ジュニア（ロストジェネレーション）、ゆとり（さとり）世代）、職場では世代間の価値観の相違が顕著になってきている。共同体としては、求心力よりも遠心力が強く働いているのだ。実際、多くの組織では就職氷河期に採用人数を絞った結果、人員構成上の歪みが生じている。その結果、上の世代と下の世代とのつなぎ役が不在となり、これまでの「当たり前」が若い世代から問い直されている。たとえば、パワハラなどは、上意下達の感覚に対する若手からの違和感の表明という面もあるだろう。

共同体の再構築には、世界観の組み直しが不可欠だ。**これまでの「組織は偉い人が作るもの」（組織というものは上から下ってきた枠組みで、だからこそ組織に忠実でなければならない）という世界観から、「組織は構成員が構成するもの」（組織は我々が作っているものだから、我々で考えていかなければならない）という世界観に組み直すべき時期が来ている。**

そのためにも、まず経営者が組織の存在目的（ＷＨＹ）を自らの言葉で語る必要がある。そして、組織内の問題（適応課題）を先送りせずに取り組むことで、経営への信頼感を高めることができれば、共同体としての求心力が再び生まれてくるだろう（「どうせ言っても変わらない」という負の学習を払拭するのだ）。同じ目的・価値観のために人は集まり、実践共同体を形成する。

また、トップダウンとボトムアップの相互作用を通して現場の見方や感覚を経営に取り入れ、多様性を受容しながら、参画を通じた共通のメンタリティー（共有感覚）を模索しない限り、共同体はバラバラになってしまうだろう。遠心力と求心力のバランスが必要だ。求心力の源として、「私たちは何のために集まっているのか？（ＷＨＹ）」が問われているのであり、経営者はその問いに、従業員をまき込みながら、共に答えていかなければならない。

といっても、共同体の側面だけを議論していても展望は開けない。新しい組織形態の可能性をめぐる議論が近年盛んだが、**それを人の意識の発達段階や意識の変容といった「こころの問題」としてのみ論じていると、組織の機能体としての側面が抜け落ちてしまう。**そうした組織論は、経営者の目が全体に届く小規模な組織ならまだしも、成熟した大企業では致命的な誤りにもつながりかねない。機能体としての側面が抜け落ちた「内向き」の組織論は、組織・人事コミュニティでは通用しても、リアルな経営においては力不足だ。いかに目的や価値観の共有ができていても、減収減益が続けば組織は疲弊し、不安が増し、ひいては組織への愛着や経営への信頼も失われるだろう。そもそも組織自体が消滅しかねない。組織が機能体として円滑に動いて成果を上げることは、共同体としての組織の存在を支えることにもなるのである。また共同体の側面だけを重視しすぎると、自らのアイデンティティに関するナラティブ（語り）が暴走して思い込みとなり、現実と乖離してしまう点にも注意が必要だ。旧日本軍についての研究はそのことを教えてくれる。組織の規模感・事業の局面に応じて「組織の共同体化」と「組織の機能化」のバランスをとる感覚が必要だ。

おそらく一〇年くらいの時間軸でみれば、事業環境の変化に伴って多くの組織において階層構造は崩れ、各種の「チームから成るチーム（Team of teams）」のような、自律分散型の組織体が増えていくのではないだろうか[4]。人類の歴史は、階層型とネットワーク型の相克の繰り返しだともいう[5]。これからのマネジメントのあり方も変わっていくだろう（**図6・6**）。

かつて事業規模の追求が優先された時代の組織は階層構造を特徴とし、マネジャーはミドルアップ＆ダウンで組織を動かしていく役割を担ったが、二〇〇〇年代の効率を重視した組織で

図6.6 組織のあり方の変遷・マネジャーの役割（仮説）

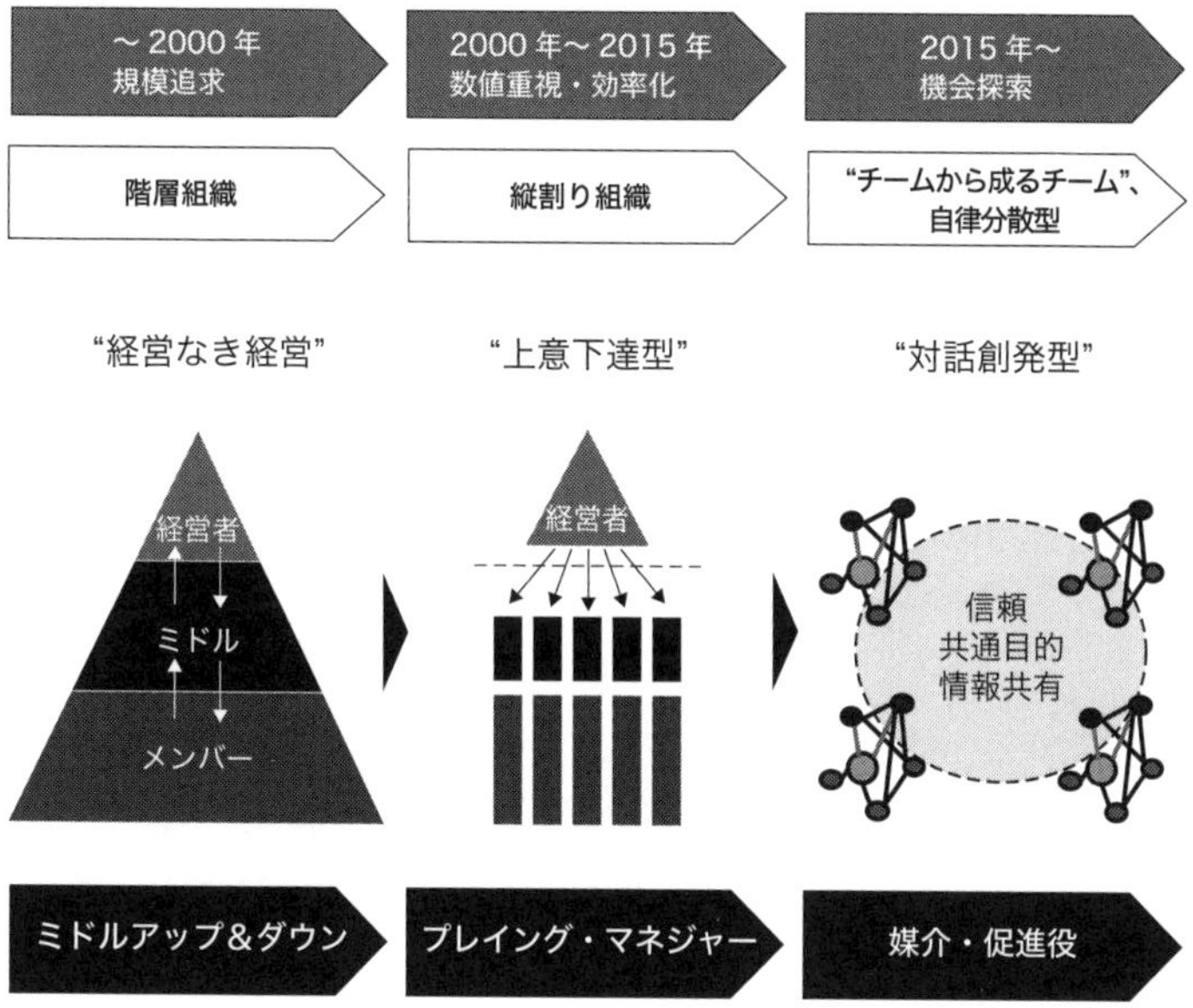

はトップダウンの度合が強まり、組織はサイロ化し、ミドルはプレイング・マネジャーとして振る舞うことが多くなった。これから増えてくるのは機会探索を重視する組織だろう。それは自律分散型の形態をとり、共通の目的や信頼関係の下に対話を創発することを志向するのではないか。マネジャーはその媒介役・促進役となるのだろう。(6) **両利きの経営を通じて、既存事業では階層組織によるマネジメントを維持しながら、探索事業ではネットワーク組織のマネジメントを試していく必要があるのではないか。**

企業組織を進化させるには、経営者のトップダウンと実務感覚のあるミドル・若手からのボトムアップの両方が必要だ。再度、確認しておきたい。「変革はトップダウンとボトムアップがミートするところで起こる（Change happens when top down meets bottom up）」のである（**図5・7**、171頁）。どちらか一方では不十分なのだ。そのためには組織論だけでも戦略論だけでも不十分だ。戦略論と組織論が循環するダイナミックな「組織経営論」の観点に立って、変革に取り組んでいかなければならない。

第1章の三つの問いに答える

ここで、第1章で掲げた問いを振り返ってみたい。以下の三つの問いだった。

①組織が機能しているとは、どういうことなのか。機能していた組織がなぜ衰退してしまうのか。

②組織が変わるとは、どういうことなのか。それはどういう現象で、どういう変化プロセスを辿るのか。

③組織進化の過程において、経営トップが果たす役割とは何なのか。

読者の皆さんの答え（感想）は、どのようなものになっているだろうか。

かつて某社でのプロジェクトを完了した際に、事務局の方から、「そもそも論ですが、『組織が変わる』って、どういうことなんでしょうね？」という素朴な質問をされたことがある。その時は残念ながら即座に答えられない自分がいた。「組織が変わる」ということについて、読者の皆さんの頭の中に具体的なイメージが生まれていて、何らかのキーワードが浮かんでいる状態になっていれば本望だ。参考までに、私たち著者からの回答例を書いておこう。

①組織が機能しているとは、組織の基本四要素「ＫＳＦ」「人材」「公式の組織」「組織カルチャー」の整合性が取れている状態にある（アラインメント［結合］がとれている）ということである。しかし、事業が成功し、事業規模が大きくなると、慣性の力が生じてくる

（例：今の仕事のやり方を変えたくない）。そうした状況で、事業環境が大きく変化してしまうと（まさしく現在の日本企業が置かれている状況だ）、既存のアラインメントを組み替えることができず（新しいアラインメントを形成することができないので）、組織は衰退の道を辿ることになる。

②組織が変わるとは、事業環境の変化に適応して、新しいアラインメントを形成し、既存のアラインメントを置き換えるという現象である。それは、経営陣のリーダーシップ（意志表示と価値判断）の下で、環境変化に適応した戦略が策定され、その戦略を実行できる組織をつくる移行プロセス（トランジッション）に他ならない。

③組織進化における経営者の役割は、既存の組織力学の均衡状態（既存のアラインメント）から新しい均衡状態（新しいアラインメント）に移行させることにある。しかし、新しいアラインメントの形成には時間がかかる。そこで経営者は日頃から既存事業の深掘りを追求しつつ、同時に事業機会の探索を行うことで、同じ組織の中に異なる新旧のアラインメントを併存させることを可能とし、次の進化に備えなければならない（攻めと守りを両立する経営である）。次の進化の筋を作る探索事業を育成・支援し、既存事業から保護するのは経営者の役割である。

組織変革とは、組織の構造や人事制度や管理指標を変えることだけではない。特に組織カルチャー（仕事のやり方）を変革し、必要ならば人材を入れ替え、そこに新しい組織アラインメントを生み出さなければ、本質的な組織進化は起こらない。一方で組織カルチャーだけを刺激しても、組織構造を変えない限り、本質的な変化は定着しない。後戻りしてしまうのだ。つまり、組織は進化する可能性を大いに秘めているが、同時に退行する可能性も有しているのである。

脱皮できない蛇は死ぬ

今まさに、日本企業の組織経営は正念場を迎えつつある。急速に人員の多様化が進んだ組織は、果たして激変する外部環境の変化に適応することができるのだろうか。創造的破壊（ディスラプション）の時代である。日本的な組織経営には、一段高い次元への脱皮が求められているタイミングだ。脱皮できない蛇は死ぬ。

組織を進化させるためには、経営トップ（対象となる組織のトップ）の役割が極めて重要だ。トップには企業の存在目的を新たに掲げ直し、戦略的に事業ポートフォリオを組み替え、組織変革を実行していく役割がある。それはトップの意志である。そして、トップの意志表示が戦略と組織のダイナミックな連動・連鎖を起動させる契機となるのだ。しかし、経営トップだけで、組織進化は始まらない。トップの意志に反応するミドル・若手の存在が不可欠だ。リーダーシップが成立するには、リーダーシップを支えるフォロワーシップが必要だからだ。

トップダウンとボトムアップがミートするところで、初めて実務レベルでの変革が進む。変革が進むにつれて、トップは何らかの選択を迫られることになる。その選択判断は損得勘定を超えて、存在目的（WHY）に基づくトップ個人の価値判断とならざるをえない。その価値判断の積み重ねによって、徐々に組織独自のアイデンティティが形成され、組織は進化していくのである。経営者の明確な意志表示で組織変革は始まり、適切なタイミングでの価値判断によって組織変革は定着する。意志表示と価値判断こそが経営者の役割と責任なのである。

組織進化の過程において、経営者とミドル・若手それぞれに役割と責任がある。私たち著者はそれをできる限りリアルに描き出したかった。本書が経営者とミドル・若手に新たな一歩を踏み出す勇気を与え、具体的な着想のインスピレーションを届けることができたのならば、私たちの意図は実現したことになる。一社でも多くの日本企業において、一段高い次元への脱皮に向けた組織開発の扉が開くことを切に願っている。

謝辞

最後までお読みいただき、ありがとうございます。事例・理論・実践の三つの要素のバランス度合はいかがでしたでしょうか。組織経営の本質・現実・実践から生まれる立体感を感じ取っていただけたならば嬉しく思います。

恩師たちとの再会をきっかけにして、スタンフォード大学経営大学院のビジネス・ケース作成と書籍刊行という、無謀な両利きのプロジェクトを始めましたが、なんとか無事に完了することができました。本プロジェクトに全面的にご協力いただいたＡＧＣ株式会社の島村琢哉ＣＥＯ、平井良典ＣＴＯ、宮地伸二ＣＦＯをはじめ、社員のみなさまに心より感謝を申し上げます。またクライアント企業の経営者・事務局の皆さまにも、この場を借りて感謝の気持ちをお伝えしたいと思います。

人材開発・組織開発に関わって二〇年目にして、恩師たちと同じフィールドに立てたことを素直に喜びたいと思います。また恩師の業績を日本の皆様に紹介できたことが誇らしく感じられます。金融界を離れて以来、さまざまな人生経験を重ねてきましたが、恩師たちの胸を借りて、コーチングから始まった実践知を組織経営の経験知にまでようやく昇華できたように思います。

本書はさまざまな方たちとのご縁によって生まれました。まず恩師との再会の機会を作ってくださったのが中神康議さん（みさき投資株式会社代表取締役）です。バークレー留学時代の先輩であり、当時の日本人留学生の多くがファイナンス理論を専攻する中で、オライリー先生の組織行動論に興味を持った私の良き理解者でした。梅本龍夫さん（立教大学大学院21世紀社会デザイン研究科特任教授、有限会社アイグラム代表）と依田真門さん（同研究科兼任講師、株式会社エイシア代表）とは、定期的な対話を通じて本書の構想を練ることができました。重原圭さん、小林留奈さん（日本経済新聞社）にはオライリー先生の来日招聘イベントのプロデューサーとして刺激的なコメントをいただき、編集作業を後押ししてくださいました。またエグゼクティブ・コーチの上田純子さんには、本書執筆にあたっての個人コーチングを引き受けて頂いただけでなく、経営者の心情を理解する上での多くの示唆を頂きました。

そして英治出版の皆さまには、前著（『組織は変われるか』）に引き続き、私の想いをカタチにすることを支援いただきました。とりわけ編集長の高野達成さんが編集者として二年間にわたって伴走を続けてくださったことは、とても幸運だったと思います。

両利きの経営には、どちらか一方を選ぶのではなく、両方を生かすという発想があります。この発想は単に企業組織のみならず、個人の領域、非営利組織（地方行政・NGO）の領域、国の領域においても、示唆に富んでいるのではないでしょうか。先が読めず複雑化した時代にあっては、これさえ押さえておけば大丈夫ということはもはやあり得ず、対立する要素を包み込むような高次の視点とバランス感覚が大切だからです。

企業組織に限らず、さまざまな社会組織が次の段階へと進化するにはどうしたらよいのか。本書が組織進化の道筋を照らす一助となることを願ってやみません。

二〇一九年一二月二六日　著者を代表して

加藤雅則

psychological attachment: The effects of compliance, identification, and internalization of prosocial behavior." *Journal of Applied Psychology* 71:492-99.

O'Reilly Ⅲ, Charles A. 1989. "Corporations, Culture, and Commitment: Motivation and Social Control in Organizations." *California Management Review* 31(4):9-25.

O'Reilly Ⅲ, Charles A., and Jennifer A. Chatman. 1996. "Culture as Social Control: Corporations, Cults, and Commitment." *Research in Organizational Behavior* 18:157-200.

Tushman, Michael L., and Charles A. Ⅲ O'Reilly. 1996. "Ambidextrous Organizations: Managing Evolutionary and Revolutionary Change." *California Management Review* 38(4):8-30.

O'Reilly Ⅲ, Charles A., and Jennifer A. Chatman. 1996. "Culture as Social Control: Corporations, Cults, and Commitment." *Research in Organizational Behavior* 18:157-200.

O'Reilly, Charles A. Ⅲ, and Brian G.M. Main. 2006. "Setting the CEO's Pay: Economic and Psychological Perspectives." Working Paper Stanford Business School.

Harreld, Bruce J., Charles A. O'Reilly, and Michael L. Tushman. 2007. "Dynamic Capabilities at IBM: Driving Strategy into Action." *California Management Review* 49(4):21-43.

O'Reilly Ⅲ, Charles A., and Michael L. Tushman. 2008. "Ambidexterity as a dynamic capability: Resolving the innovator's dilemma." *Research in Organizational Behavior* 28(0):185-206.

O'Reilly Ⅲ, Charles A., and Brian G. Main. 2010. "Economic and psychological perspectives on CEO compensation: a review and synthesis." *Industrial and Corporate Change* 19(3):675-712.

Schaede, Ulrike. 2013. "Show Me the Money: Japan's Most Profitable Companies in the 2000s." DBJ Discussion Paper Series (1211):https://www.dbj.jp/ricf/pdf/research/DBJ_DP_1211.pdf.

Ahmadjian, Christina L., and Ulrike Schaede. 2015. "The Impact of Japan on Western Management: Theory and Practice." Pp. 49-57 in *The Routledge Companion to Cross-Cultural Management*, edited by Nigel Holden, Snejina Michailova, and Susanne Tietze. New York: Routledge.

of Management Journal, 34, 487-516.

3. 内山節著『共同体の基礎理論——自然と人間の基層から』（農山漁村文化協会、2010年）
4. スタンリー・マクリスタル、タントゥム・コリンズ、デビッド・シルバーマン、クリス・ファッセル著『TEAM OF TEAMS（チーム・オブ・チームズ）——複雑化する世界で戦うための新原則』（吉川南、尼丁千津子、高取芳彦訳、日経BP社、2016年）
5. ニーアル・ファガーソン著『スクエア・アンド・タワー（上・下）』（柴田裕之訳、東洋経済新報社、2019年）
6. 『日経ビジネス』2018年6月28日号「マネジャーの役割は管理・監督から触媒へ」に触発されて作成した仮説。

参考文献

O'Reilly III, Charles A., and Michael L. Tushman. 2016. *Lead and Disrupt: How to solve the innovator's dilemma*. Stanford, CA: Stanford University Press.　チャールズ・A・オライリー、マイケル・L・タッシュマン著『両利きの経営——「二兎を追う」戦略が未来を切り拓く』（入山章栄監訳、渡部典子訳、東洋経済新報社、2019年）

O'Reilly, C. and Pfeffer, J. 2000. *Hidden Value: How Companies Get Extraordinary Results With Ordinary People*. Boston, MA: Harvard Business School Press.　チャールズ・オライリー、ジェフリー・フェファー著『隠れた人材価値——高業績を続ける組織の秘密』（廣田里子、有賀裕子訳、翔泳社、2002年）

Tushman, Michael L., and Charles A. O'Reilly. 1997. *Winning through Innovation: A Practical Guide to Leading Organizational Change and Renewal*. Boston: Harvard Business School Press.　マイケル・L・タッシュマン、チャールズ・A・オライリーⅢ世著『競争優位のイノベーション——組織変革と再生への実践ガイド』（平野和子訳、ダイヤモンド社、1997年）

Schaede, Ulrike. 2020. *The Business Reinvention of Japan: How to Make Sense of the New Japan, and Why it Matters*. Redwood City: Stanford University Press.

Schaede, Ulrike. 2008. *Choose and Focus: Japanese Business Strategies for the 21st Century*. Ithaca: Cornell UP.

加藤雅則著『組織は変われるか——経営トップから始まる「組織開発」』（英治出版、2017年）

加藤雅則著『自分を立てなおす対話』（日本経済新聞出版社、2011年）

加藤雅則著「組織経営におけるナラティヴ・アプローチ」、野口裕二編『ナラティヴ・アプローチ』（勁草書房、2009年）所収

学術論文

O'Reilly, Charles A. III, and Jennifer Chatman. 1986. "Organizational commitment and

第4章

1. 「経営者の最大の役割は意志表示と価値判断である」という認識に至ったのは、菊澤研宗先生（慶應義塾大学商学部教授）の旧日本軍の研究（『組織の不条理』）に関する議論から示唆をいただいた。
2. 『日本経済新聞』2017年5月26日「「熱意ある社員」6%のみ　日本132位、米ギャラップ調査」
3. 詳しくは、マーシャル・ゴールドスミス、マーク・ライター著『コーチングの神様が教える「できる人」の法則』（斎藤聖美訳、日本経済新聞出版社、2007年）を参照。
4. リーダーシップとフォロワーシップの関係については、梅本龍夫先生（立教大学大学院21世紀社会デザイン研究科特任教授）から貴重な示唆をいただいた。梅本先生は、物語法の観点から「トップのビジョンが現場で物語になる。現場で生成される物語がトップのビジョンを磨き上げる」と表現している。

第5章

1. 中原淳、中村和彦著『組織開発の探究――理論に学び、実践に活かす』（ダイヤモンド社、2018年）
2. 詳しくは、エベレット・ロジャーズ著『イノベーションの普及』（三藤利雄訳、翔泳社、2007年）を参照。
3. 詳しくは、ジェフリー・ムーア著『キャズム――ハイテクをブレイクさせる「超」マーケティング理論』（川又政治訳、翔泳社、2002年）を参照。
4. ロナルド・A・ハイフェッツ、マーティ・リンスキー著『［新訳］最前線のリーダーシップ――何が生死を分けるのか』（野津智子訳、英治出版、2018年）
5. 「トーン・オブ・ザ・トップ」の重要性については、濱田元房氏（プルデンシャル生命保険株式会社代表取締役社長兼ＣＥＯ）とのエグゼクティブ・コーチングから、実務上の貴重な示唆をいただいた。
6. 成人の発達のプロセスやメカニズムを体系化した理論。発達心理学の一分野。詳しくは、ロバート・キーガン、リサ・ラスコウ・レイヒー著『なぜ人と組織は変われないのか――ハーバード流 自己変革の理論と実践』（池村千秋訳、英治出版、2013年）を参照。

第6章

1. O'Reilly, C. A. 1989. "Corporations, Culture and Commitment: Motivation and Social Control in Organizations." *California Management Review*, 31, 9-25.
   O'Reilly, C.A. and Chatman, J. 1996. "Culture as social control: Corporations, cults, and commitment." *Research in Organizational Behavior*, 18, 167-210.
2. O'Reilly, C.A., Chatman, J., and Caldwell, D. 1991. "People and organizational culture: A profile comparison approach to assessing person-organization fit." *Academy*

1976. "The Ambidextrous organization: Designing dual structures for innovation." *The management of organization design*. pp.167-188)

ダンカンの主張は、イノベーションを起こす際と実行する際には、それぞれに適した組織構造に順次シフトさせる必要があるというものだった。これに対して、タッシュマンとオライリーは、イノベーションを起こすには、イノベーションを起こす組織構造とイノベーションを実行する組織構造を同時に有する必要があると考えたのである。

1996年の論文発表以来、「両利き」に関する膨大な実証研究がなされ（例：両利きと業績の関係）、両利きの概念も多方面に分岐していった。現在では、両利きには主に3つのアプローチが存在するとされている。①順序立てた両利き（Sequential Ambidexterity）、②構造的な両利き（Simultaneous/Structural Ambidexterity）、③文脈的な両利き（Contextual Ambidexterity）である。①と②が組織レベルでの両利きを対象としているのに対し、③は個人レベルでの両利き（例：時間配分、仕事の種類）を対象としている。

なお、オライリーらの両利きは②に分類されることが多いが、オライリー自身は両利きの組織とは、単に組織構造の問題だけではなく、人材·組織カルチャー·戦略·リーダーシップ間のアラインメント(結合)を重視した概念だとしている。（出典：O'Reilly, C.A., & Tushman, M.L. 2013. "Organizational Ambidexterity: Past, Present, and Future." *The Academy for Management Perspectives* Vol.27, No.4, 324-338)

3. 日本の経営者の中には、「振り子のように戦略を振る」という表現を好む人がいる。異なる戦略を同時に追求することは難しいため、フェーズ（時期）に応じて戦略の軸足を変えることを意識しているのだろう。それほど既存事業と新規事業の両立は難しいのだ。
4. コングルエンス・モデルは「整合性モデル」とも呼ばれている。詳しくは『競争優位のイノベーション』及び『両利きの経営』（第2章）を参照。
5. スウェーデンの心理学者、Claes Janssen博士が提唱したチェンジ・プロセス。
6. 「Society5.0 —ともに創造する未来—」p38　2018年11月30日　日本経済団体連合会
7. エンジニアやプログラマー等のチームが短期間集中して作業し、ソフトウエア等を開発する手法。
8. 新たな製品・サービスを開発する際、早期に試作品を作って顧客の反応を確認し、改善を繰り返すことで成功率を高める手法。
9. ビジネスモデルを策定するためのフレームワーク。詳しくはアレックス・オスターワルダー、イヴ・ピニュール著『ビジネスモデル・ジェネレーション——ビジネスモデル設計書』（小山龍介訳、翔泳社、2012年）
10. 新たな製品や技術開発のプロジェクトについて、市場投入までのプロセスを複数のステージに分けて管理する手法。

注・参考文献

はじめに

1. チャールズ・A・オライリー、マイケル・L・タッシュマン著『両利きの経営――「二兎を追う」戦略が未来を切り拓く』（入山章栄監訳、渡部典子訳、東洋経済新報社、2019年）

第1章

1. 『日本経済新聞』2019年6月17日「大転職時代の足音」
https://www.nikkei.com/article/DGKKZO46170360W9A610C1TJC000/
2. フレデリック・ラルー著『ティール組織――マネジメントの常識を覆す次世代型組織の出現』（鈴木立哉訳、英治出版、2018年）
3. Fortune500の企業幹部や行政組織・非営利組織の幹部が、教授陣からのレクチャーを受けつつ、自組織の組織変革課題について参加者同士で助言・アドバイスするプログラム。
4. マイケル・L・タッシュマン，チャールズ・A・オライリーⅢ世著『競争優位のイノベーション――組織変革と再生への実践ガイド』（平野和子訳、ダイヤモンド社、1997年）
5. Masanori Kato, Ulrike Schaede and Charles O'Reilly, AGC Inc. in 2019: "Your Dreams, Our Challenge", Stanford Graduate School of Business case #OB-103
6. １対１で対象者の話を深く掘り下げて聞く定性調査の手法。

第2章

1. 『週刊ダイヤモンド』2019年9月21日号「世界を牛耳る素材113品目リスト」

第3章

1. Tushman, Michael L., and Charles A. Ⅲ O'Reilly. 1996. "Ambidextrous Organizations: Managing Evolutionary and Revolutionary Change." *California Management Review* 38(4):8-30.
2. オライリーとタッシュマンが「両利き組織」(Ambidextrous Organizations)を提唱したのは、1996年のことである。（Tushman, Michael L., and Charles A. III O'Reilly. 1996. "Ambidextrous Organizations: Managing Evolutionary and Revolutionary Change." *California Management Review* 38(4):8-30.）オライリーたちが両利きの概念の起源として意識しているのは、ロバート・ダンカンである。ダンカンは1976年に初めて「両利き」という言葉を使った。（Duncan, R.B.

［著者］

加藤 雅則

Masanori Kato

アクション・デザイン代表　エグゼクティブ・コーチ、組織開発コンサルタント

日本興業銀行、環境教育NPO、事業投資育成会社などを経て、現職。2000年、日本にコーアクティブ・コーチングを紹介し普及させた一人。以来、大手上場企業を中心とした人材開発・組織開発に従事する。経営陣に対するエグゼクティブ・コーチングを起点とした対話型組織開発を得意とする。日本におけるオライリー教授の共同研究者。慶應義塾大学経済学部卒業、カリフォルニア大学バークレー校経営学修士（MBA）。主な著書に、『組織は変われるか』（英治出版、2017）、『自分を立てなおす対話』（日本経済新聞出版社、2011）、共著書に『「自分ごと」だと人は育つ』（日本経済新聞出版社、2014、日本HRアワード最優秀賞受賞）、『ナラティヴ・アプローチ』（勁草書房、2009）など。

チャールズ・A・オライリー

Charles O'Reilly III

スタンフォード大学経営大学院教授（The Frank E. Buck Professor of Management）

米国を代表する組織経営学者であり、「両利きの経営」の提唱者。カリフォルニア大学バークレー校で経営学修士（MBA）、組織行動論の博士号を取得。同校教授、ハーバード・ビジネススクールやコロンビア・ビジネススクールの客員教授を経て現職。専門はリーダーシップ、組織と企業カルチャー、人材・人事マネジメント、イノベーションなど。学術論文では数多くの受賞を重ねており、全米アカデミー・オブ・マネジメントからは生涯功労賞が授与されている。主な著書に、『競争優位のイノベーション』（ダイヤモンド社）、『両利きの経営』（東洋経済新報社）のほか、100本以上の論文を執筆。両利きの経営のためのコンサルティング会社ChangeLogic社（在ボストン）の共同創業者兼会長。

ウリケ・シェーデ

Ulrike Schaede

カリフォルニア大学サンディエゴ校グローバル政策・戦略大学院教授

日本を対象とした企業戦略、組織論、金融市場、企業再編、起業論等を研究領域に、ハーバード・ビジネススクール、スタンフォード大学、カリフォルニア大学バークレー校ビジネススクール、一橋大学経済研究所、日本銀行、経済産業省、財務省、政策投資銀行等で研究員・客員教授を歴任。9年以上の日本在住経験を持つ。日本の経営、ビジネス、科学技術を社会政策と経営戦略面から研究し、サンディエゴと日本を繋ぐ研究所Japan Forum for Innovation and Technology（JFIT）のディレクター。著書にChoose and Focus（2008）、The Business Reinvention of Japan（2020）のほか、50本以上の論文を執筆。

[英治出版からのお知らせ]

本書に関するご意見・ご感想を E-mail (editor@eijipress.co.jp) で受け付けています。
また、英治出版ではメールマガジン、Web メディア、SNS で新刊情報や書籍に関する記事、
イベント情報などを配信しております。ぜひ一度、アクセスしてみてください。

メールマガジン：会員登録はホームページにて
Web メディア「英治出版オンライン」：eijionline.com
Twitter / Facebook / Instagram：eijipress

両利きの組織をつくる
大企業病を打破する「攻めと守りの経営」

発行日	2020 年 3 月 5 日 第 1 版 第 1 刷 2023 年 8 月 30 日 第 1 版 第 7 刷
著者	加藤雅則（かとう・まさのり） チャールズ・A・オライリー ウリケ・シェーデ
発行人	原田英治
発行	英治出版株式会社 〒150-0022 東京都渋谷区恵比寿南 1-9-12 ピトレスクビル 4F 電話 03-5773-0193 FAX 03-5773-0194 www.eijipress.co.jp
プロデューサー	高野達成
スタッフ	藤竹賢一郎 山下智也 鈴木美穂 下田理 田中三枝 平野貴裕 上村悠也 桑江リリー 石﨑優木 渡邉吏佐子 中西さおり 関紀子 齋藤さくら 荒金真美 廣畑達也 木本桜子
印刷・製本	中央精版印刷株式会社
翻訳協力	株式会社トランネット（www.trannet.co.jp）
校正	小林伸子
装丁	英治出版デザイン室

ISBN978-4-86276-286-3 C0034 Printed in Japan